都市社会发展与社会政策丛书

主编　张文宏

本书由上海大学“十二五”内涵建设项目“都市社会发展与智慧城市建设”资助

都市社会发展与社会政策丛书

主编 张文宏

国家建设背景下的城市化战略

中美两国的经验

梁波 杨艳文 著

广西师范大学出版社
·桂林·

丛书总序

城市时代的中国社会发展与社会政策

2011年末，中国城镇户籍人口达到6.91亿，占总人口的比例达到51.27%。中国从一个具有几千年农业文明的农民大国，进入了以城市社会为主的新的发展阶段。在此意义上，我们可以说中国社会的发展真正进入了“城市时代”。城镇人口比例变化的背后，是社会组织方式、社会管理模式、资源分配方式、阶层分化方式、居民生活方式、社会风险治理路径的深刻变革。

不可否认，三十年的改革开放，我国的城市化发展取得了举世瞩目的成就，我们用三十年的时间完成了西方发达国家上百年甚至几百年才走完的发展历程，西方国家在不同时期渐次出现的城市社会矛盾和社会问题在这个相对集中的时间内显现出来。改革开放以来，中国社会的发展历程，是与城市化、工业化、信息化和全球化的过程交织在一起的。城市化不仅是农业人口转变为非农业人口，传统农民转变为现代产业工人并向城镇集聚的过程，而且是城市在空间上的不断扩张、区域规模上的逐渐扩大、职能和设施上的完善以及城市的经济关系、居民的生活方式和人类的社会文明逐渐向农村社会渗透的过程;中国的工业化是经济社会领域的一种革命性变迁,它包括从农业社会向工业社会,从工业社会向知识社会,从知识社会向数字制造技术、互联网技术和再生性能源技术社会的三次大转型。由于中国经济社会发展的特殊性,改革开放以来的三十年,也是三次工业革命相互叠加的过程。其中,第三次转型将导致工业、产业乃至社会发生重大变革,这一过程不仅将推动一批新兴产业诞生与发展以替代已有产业,还将导致社会生产方式、制造模式甚至生产组织方式等方面的重要变革,最终使人类进入生态和谐、绿色低碳、可持续发展的社会。中共十六大提出新型工业化的概念,坚持以信息化带动工业化,以工业化促进信息化,是科技含量高、经济效益好、资源消耗低、环境污染少、人力资源优势得到充分发挥的工业化道路。与传统工业化相比,新型工业化有三个突出的特点:第一,是以信息化带动的、能够实现跨越式发展的工业化。以科技进步和创新为动力,注重科技进步和劳动者素质的提高,在激烈的市场竞争中以质优价廉的商品争取更大的市场份额。第二,是增强可持续发展能力的工业化。要强调生态建设和环境保护,强调处理好经济发展与人口、资源、环境之间的关系,降低资源消耗,减少环境污染,提供强大的技术支撑,从而大大增强中国的可持续发展能力和经济后劲。第三,是充分发挥人力资源优势的工业化。

中国的都市社会发展不可避免地受到全球化的影响。全球化是各种资源和生产要素在全球范围内的高速流动与配置利用,人类活动及其成果与效应在全球范围内的全面互动、整合与协同。全球化的表现形式是全球经济一体化、政治协作化、技术同步化、生态共生化和人类认同化。

都市社会还是一个充满风险的社会。进入现代社会,“风险”是无处不在的:它既来自于自然,也来自于社会。危险、灾难、灾害、威胁、不确定性、可能性、不安全在一定意义上与“风险”是同义的。风险是个人和群体在未来遇到危险的可能性以及对这种可能性的判断和认知。来自于纯粹自然意义上的“风险”一般被称为灾难、危险或威胁。来自于社会的风险,是人类行为和决策的副产品,指的是失败的可能性以及其他不可预测的结果。风险的存在体现了人类理性的力量,也暴露了理性的限度。风险的重要性不在于风险本身,而在于其附着的对象。中国在进入中等收入国家的同时,也进入了社会结构深刻变动、社会矛盾容易激化的高风险时代。中国社会目前的风险主要体现在制度转型迅速、社会差距扩大、代际断裂和人口结构失衡、信息的流动与控制失效、生态环境恶化、与生活质量和安全相关的生活风险加剧等方面。这些现代风险在中国城市社会表现得尤为突出。

因此,如何从社会政策、公共政策上保证改革开放的成果为大多数社会成员所分享,预防和治理各种阻碍城市经济社会良性运行和协调发展的各种社会问题,成为一个重要课题。在建设社会主义和谐社会目标的指引下,政府越来越重视通过实施各种社会政策去满足人民群众的需要,去解决各种社会问题。在此意义上也可以说,中国正在进入“社会政策时代”。

在一般意义上,社会政策被理解为国家或政府制定的关于社会事业发展的一系列政策、行动准则和规定的总称。目的是通过国家立法和政府行政干预,解决社会问题,促进社会安全,改善社会环境，增进社会福利。社会政策的核心是解决市场经济中公民的社会风险问题。它有广义和狭义之分。广义的社会政策包括社会事业政策，诸如国民福利、人口、劳动就业、社会保障、住房、医疗卫生、文化、教育、人口、婚姻与家庭生活、社区及社会公共环境、宗教、居民收入分配和消费、社会治安、社会行政管理等。广义的社会政策对应着各种社会问题的预防和解决；狭义的社会政策仅仅指社会福利和社会保障政策，重点是为了改善弱势群体（如劳工及贫民）的工作和生活状况而推出的一系列社会福利政策和规定。本丛书是在广义上来理解社会政策的。

一般认为，社会政策起源于1837年德国学者组织的“社会政策学会”。第一个给予社会政策以科学概念的是瓦格纳（Adolph Wagner）。1891年他在一篇论文中提出，社会政策是运用立法和行政手段，调节财产所得和劳动所得之间的分配不均问题。但是只有到了20世纪中期以后，有了经济学、政治学和系统科学等学科的加盟，源于社会福利理论的社会政策才逐渐成为具有开放性、交叉性和系统性等特点的独立的应用社会科学学科。

与社会政策相关的另一个概念是公共政策。公共政策是政党、国家等公共权力组织为处理公共事务、实现公共管理而制定和实施的公共行为规范、行动准则和活动策略。传统的公共政策研究来源于政治学和行政学，意在从规范意义上探讨国家、社会和公民之间的利益制衡，通过政治学和行政学的原理及模型分析对国家、地方和团体层面的政策制定、执行与评估进行研究，为高质量的社会发展政策提供咨询。

公共政策与社会政策这两个概念在社会科学领域中经常交替使用,很多研究者把公共政策和社会政策当做同一个概念,只是分属于不同的学科。当然,在实际研究和操作中,也有研究者把二者截然区分开来,认为它们隶属于不同的学科领域。公共政策与社会政策是多学科交叉研究的对象,二者的行动主体和作用客体是各不相同的。公共政策的主体更多的是社会权威机构,以政府和利益集团为核心进行政策制定和决策分析;社会政策的主体是以政府为主导,更依靠非政府的民间组织发挥政策制定和实施的功能。公共政策偏重权威资源的调配,其制定和决策更多是从宏观层面、整体布局上解决问题;而由于有社会民间组织的积极参与,社会政策有可能关注具体而微观的个体生活困境,直接面向需要解决困难的社会成员。

对城市化、工业化和全球化引发的城市社会问题的众多争论可以概括为:到底是应该用市场调节办法来解决或缓解城市社会问题,还是应该用政府的宏观调控政策来预防和治理城市社会问题?与其说城市社会问题的预防和治理是一个纯粹的学术理论问题,毋宁说它更应该是一个实践问题。如果市场手段可以自动地治理城市社会问题,那么政府的政策调控就是不必要的;如果市场手段不能解决问题,当然就需要政府干预;如果市场机制的解决是部分的,那么政府的政策干预就必须是适度的;如果市场机制作用太小,那么政府干预的力度就必须加强。我们试图回答的核心问题是:市场机制在预防和治理城市社会问题过程中到底发挥了何种作用?这种作用的效果如何?政府的政策调控和宏观干预又发挥了何种效力?这种效力是否具有可持续性?

除了政府和市场的调节机制，在社会发展领域还存在着一种特殊的社会资源配置和调节的力量，即社会力量。要使公共政策和社会政策得到落实，离不开社会建设和社会管理。孙本文先生认为社会建设是社会学经世致用功能的集中体现，他将社会建设视为依据社会环境的需要与人民的愿望所从事的各种社会事业。在新的历史背景下重新提出的社会建设，是指按照社会的发展规律和运行机制，通过发展社会事业、完善社会治理、改进社会管理、维护社会秩序等工作来推动社会的和谐与进步；社会管理是人类社会必不可少的一项管理活动，是指政府和社会组织为促进社会系统协调运转，对社会系统的组成部分和社会生活领域及其发展过程所进行的组织、指挥、监督和调节。社会管理的核心是处理社会事务和提供社会公共服务，其根本目的是维护社会秩序、促进社会和谐、保障人民安居乐业，及为社会发展营造良好环境。社会建设和社会管理的根本目标是一致的。作为一种特殊的利益调节手段和机制，社会管理和社会建设与政府的行政运行手段相比成本要低得多，比单纯的市场调节更能保证社会公益目标的实现。

新时期的社会建设和社会管理离不开社会组织的培育和发展。目前社会组织的发展面临着一些困境，表现在社会组织的注册、运行、资金、人才、技术等方面。解决这些困境需要以法制化、制度化的方式来规范社会组织的发展。但是对社会组织的管理，不应仅是控制，还应该包括服务、监督和扶持。

不同的社会组织是不同利益群体的代表或称代言人，因此要拓展协商民主，最重要的一个方面就是鼓励不同社会组织之间的良性互动，使得不同社会组织的利益诉求都能够得到表达，不能延续以往的社会组织发展中“强者愈强、弱者愈弱”的传统格局。

重视网络组织、草根组织在拓展协商民主、创新转型中的积极作用。2012年6月底，中国网民达到5.38亿，成为世界上互联网用户最多的国家，也是网络社会组织、网络社群最多的国家。另外，除了正式注册的社会组织，还活跃着大量未经注册的草根组织，虽然这些组织在名义上是“非法的”，但却发挥着正式社会组织不可替代的作用。因此，降低社会组织注册的门槛，使大量活跃的网络社会组织、草根组织合法化，是拓展协商民主的一个重要途径，也是从单主体的以控制为主的社会管理走向多主体的社会治理的一个有效渠道。

“都市社会发展与社会政策”丛书是上海市高等教育内涵建设085工程规划项目“都市社会发展与智慧城市建设”的子项目“社会学一流学科建设”的阶段性成果之一。该项目围绕“国际大都市社会发展与治理”这一核心论题，从优化都市社会组织和管理入手，直面全球化、信息化、后工业化多重背景下中国特大城市社会的快速转型，以及由此带来的社会生活秩序重构和社会管理创新等一系列重大问题，探索国际大都市社会发展与治理的规律；以现代信息技术的复杂性和第三次工业革命的不确定性为背景，聚焦社会风险的形成机制，探索社会安全的管理体系和预警指标体系。本丛书虽然从广义上来界定中国特大城市发展中的一些重大社会问题，但是不可能涵盖所有的城市社会问题。以“国际大都市社会发展与治理”为核心，重点追踪社会管理、社会建设的理论脉络，探讨社会政策与社会管理、社会建设的内在关系，分析社会组织治理、街居制的历史变迁、城市贫困家庭治理、城镇住房制度改革、新二元结构及城市新移民的社会融合、都市卫生风险、青少年成长危机、城市老龄化等领域公共政策和社会政策的变化轨迹和发展趋势，为认识中国城市社会发展中的问题成因及其解决路径贡献我们的智慧。

上海大学社会学院　张文宏

目　录

CONTENTS

导　论

1996 年在土耳其召开的世界人居大会指出：21 世纪是城市的世纪，只有城市的成功，才能保证国家的成功。2001 年，诺贝尔经济学奖得主、美国经济学家斯蒂格利茨(J. E. Stiglitz)曾经断言："中国的城市化与美国的高科技发展将是影响 21 世纪人类发展的两大课题。"

一直以来，城市化是推动我国消费结构升级，产业结构优化，经济持续增长的主要动力，城市化的发展关系到我国经济持续稳定健康发展。因此，走什么样的城市化发展道路，对我国经济社会的转型起到十分关键的作用。

自 2008 年金融海啸以来，全球经济复苏并不明显。在欧洲债务危机不断恶化，美国经济持续低迷的国际环境下，以往拉动我国经济增长的"出口"这架马车失去了动力，我国经济结构和发展方式必须加速转型，产业升级、结构调整和扩大内需成为首要的任务。在此背景下，以往由地方政府主导的粗放型城市化道路无法维系，在中央统筹规划下以区域经济整合和内需市场培育为重点的新型城市化道路正在开启，中国城市化道路正在变轨，即开始从以往的"以物为中心的城市化"走向"以人为中心的城市化”。

新型城市化道路以城镇化为纲领。2012 年 4 月初，李克强在《求是》杂志上撰文强调，“调整经济结构最重要的是扩大内需”，“扩内需的最大潜力在城镇化”。7 月 13—14 日，李克强在湖北考察时又强调，城镇化是内需最大的潜力所在，是经济结构调整的重要依托。中部地区发展的回旋余地很大，对全国经济的带动作用日益凸显。他指出要研究制定全国城镇化发展规划，注重体制机制创新，打破行政区域限制，使各类生产要素自由流动、优化配置。这些观点蕴含了在经济结构转型与产业升级背景下国家对新型城市化道路的探索，其核心便是在中央统筹规划下立足于区域经济整合基础上，构建注重内涵和质量的新型城镇化模式。2012 年 11 月召开的中共十八大明确地提出了“新型城镇化”概念，同年年底的中央经济工作会议则进一步把“加快城镇化建设速度”列为 2013 年经济工作的六大任务之一。2013 年 12 月 12 日，中共中央就城镇化举行最高级别全国性专题会议——全国城镇化工作会议，这是中央经济工作会议历史上第一个“会中会”，会议强调“人口城市化”的内涵，将城镇化作为今后各项经济社会工作的重要抓手，凸显了新时期将城市化作为推进民生工程和社会建设战略工具的重要意义。

城市化作为国家建设的战略工具，其道路和模式的选择一直是世界城市化进程中的重要内容。美国学者布赖恩·贝利通过对世界不同国家和地区城市化过程的比较研究，认识到在 20 世纪快速城市化过程中，“尽管城市化存在很多共性，但是城市化的道路却各不相同”。(贝利，2008)贝利认为这种道路选择的差异，源于不同国家所处的技术水平、社会政治环境、国家意识形态、规划权力的交互作用以及传统文化等因素。这些不同因素相互作用的结果是产生了不同国家和地区城市化的多样化的人类后果。

作为资本主义的后起之秀，美国自建国后便开始了其城市化进程，经过200多年的发展，无论是在推进城市化水平，还是在改善城市治理方面，美国在其漫长的城市化历史实践中积累了丰富的经验。从工业城市化时代城市的崛起，到郊区化时代中心城市的空心化，再到后工业化时代城市的转型和国际大都市的建设，在不同的经济社会发展时期，美国政府在城市发展问题上采取了不同的策略，进行了丰富的实践。

尽管中美两国在政治环境、意识形态、文化传统和技术水平等各方面都有很大差异，城市化模式也表现出不同的特点，但是，从国家建设的角度来看，在一般意义上，任何特定的城市化模式产生、道路的演进，都深刻嵌入到其特定的经济社会，并衍生出一系列复杂的制度后果。美国建国后和新中国成立以来的城市化历程暗含着不同时期的国家建设战略与其城市化策略、城市化发展间的逻辑关系。这些经验规律与机制能够为我国构建新型城镇化的未来道路，提供一定的理论与经验启示。

一、研究问题

无论是从历史还是从现实的角度来看，城市化都是理解一国或地区经济社会发展的重要维度。和西方工业化国家所走过的城市化道路有所不同，中国改革开放以来的城市化发展是在快速工业化、市场化与全球化的背景下实现的。作为经济现代化的结果之一，近三十多年来，中国的城镇化取得了重大发展。数据显示，截止到 2012 年，中国城镇化率已经超过了 50%。尽管相比于发达国家平均 70%的比例而言，中国的城市化水平还有一定的差距，但是对于一个有 13 亿人口的新兴经济体大国而言，中国城市化的发展仍然是一个了不起的成就。

毫无疑问，三十多年城市化发展对于中国经济社会产生了深刻的影响：(一)城市化的进程有效地推动了，诸如人力资本、劳动力、信息、土地、资本等要素在全国范围内的流动，极大地改变了计划体制下要素配置的封闭、分割和低效率状态。城市化的进程为中国三十年来经济增长奇迹的形成提供了重要的保障和支持，尤其是在与工业化的交互影响过程中，极大地改变了中国农村和城市的生产生活状态。(二)城市化进程极大地推动了中国城乡居民的生活与福利水平的提高，极大地改善和提升了老百姓的就业、教育、医疗、体育、娱乐等公共服务的供给水平，城市成为人们过上“美好”生活的现实空间。(三)城市化进程极大地改变了国家、市场、民众对于现代性的认知，并进而深刻地推动了中国经济、政治、社会、文化等领域的巨大变迁。例如，国家或政府在应对经济与社会治理过程中，实现了从计划体制下的全能型、管控型的政府向规制型、服务型政府的转变，提升了国家的治理能力与治理水平；同样，城市化推进的过程，也就是现代市场、现代企业、现代资本不断扩展的过程，城市化不断发展的 30 年中，中国逐步建立了适应现代经济社会发展需求的社会主义市场经济体制；更重要的是，城市化进程对于个体而言是一次文明化的过程，民众不断接受、了解和认识现代生活中的新现象、新观念、新知识，人们的精神风貌获得了极大的改变。

然而，经过30多年的快速发展之后，人们也似乎发现，城市化并不必然带来人们所期望的理想生活。至少从经验上看，中国目前仍然有近2.3亿的农民工生活在不能融入的城市社会；城乡差距、贫富差距在日益扩大，基本公共服务与资源没有实现更高水平的均等化的配置，各种体制性与机制性的因素使得中国的城乡之间仍然延续了一种二元化甚至三元化的分割状态；大城市的过度扩张与小城镇和乡村的衰落并存，东中西部地区城市化的水平呈现出较高的分化；“城市病”现象也比较明显，城镇发展与生态、人文环境之间的矛盾日益突出。

所有这些现象都表明，城市的现代化发展与资源、环境、公平、农业等之间的张力越来越凸显，中国的城市化正遭遇前所未有的结构性瓶颈。正如一些观点所表明的，当前中国城市化的发展进入了一个历史转折点的关键时刻，以低成本、强势政府主导为核心特征的中国经济模式和以高消耗、城市要素供给不可持续为核心特征的传统城市化发展模式，积累了巨大的社会风险：劳动力“刘易斯拐点”现象出现；城乡两元化导致农民难以融入城市；城市发展不可持续；社会贫富差距接近警戒线；社会保障不完善引发疑似“中等收入陷阱”初级阶段的现象；以出口和投资为驱动力的衰减共振；地方政府“公司化”并陷入GDP崇拜综合征不能自拔；法治不断给经济发展让路；生态污染危机日趋严重；食品安全危机和公众信任危机爆发；地方“造城运动”和“鬼城”频现。（邵晨钟，2013）

在全球性经济危机影响还未消退的情况下，中国的城市化发展正处在一个复杂的十字路口。中国城市化的未来道路应该如何建构和推进，应该实施什么样的城市化策略与方案，推动城市与乡村、工业与农业、环境与资源等多要素之间的协调发展等经济社会发展领域提出的一系列现实问题，都要求我们对城市化发展的模式、道路与策略等进行更深入的理解和反思。

在理论层面上，关于城市化，国内外相关研究似乎更多地归属于发展经济学或城市经济学等领域。一直以来，城市化被认为是经济发展，尤其是市场经济发展的一个副产品（Fox，2012），城市的发展服从于经济与市场的发展进程及状况，资本、土地、技术、劳动力等被理解为城市化发展的决定性要素。但是，这些基于对传统资本主义体制下城市化经验的研究范式和理论框架却不能较好地解释20世纪以来现代城市所遭遇的城市病困境、后发国家所面临的城市化失败等重要问题。比如无法解释20世纪80—90年代，一些撒哈拉以南的非洲国家所表现出来的“没有增长的城市化”（urbanization without growth）现象，也没能对拉美国家“城市化陷阱”等做出令人信服的解释。城市化是社会学研究的经典领域，古典社会学大家们在传统与现代的两分法中粗略论述了欧洲城市社会的兴起；著名的芝加哥学派聚焦于城市社会问题，将城市视作生活的容器，探讨的是美国历史上的工业城市化阶段；而20世纪60年代兴起的新城市社会学，通过引入资本、阶级、空间等概念，在认识上，将城市从生活的容器转换成为斗争的舞台，集中探讨了美国历史上的郊区化和大都市化进程。总体而言，关于城市化的既有研究框架，对于理解影响城市化发展的诸多因素有重要的启示，对于一国或地区构建其城市化方案有一定的借鉴意义。然而，这些研究都无法对理解一国城市化发展提供一种嵌入到特定历史制度背景的具有穿透性的观察视角，没有深入地分析城市化发展与一国或地区特定历史阶段，其经济社会发展中所需要回应的核心和关键问题间的复杂关系，没有深入考察和分析城市化进程中，国家在构建城市化方案时所暗含的策略性、战略性谋划，在理论框架与城市化的历史和现实经验之间呈现出了明显的张力。

因此，本研究试图以中美两国城市化的历史进程为蓝本，对两国的整体城市化进程提供一个（基于历史制度比较分析的）探索性的分析框架，通过对中美两国独特的城市化发展路径及国家策略的梳理和考察，深入分析和揭示影响一国城市化发展的深层历史制度动因，重点从国家的战略目标、方案策略等维度来揭示城市化策略与国家建设及经济社会发展间的复杂关系。

二、文献回顾

"城市化"一词的出现和使用，有着上百年的历史，但不同学科对其定义和内涵的界定或有不同。比如，马克思在《经济学手稿》中指出："现代的历史是乡村城市化，而不像古代一样，是城市乡村化。"因此，在马克思这里，城市化是与现代性紧密联系的。美国专业刊物《世界城市》则认为："都市化是一个过程，包括两方面的变化，一是人口从乡村向城市运动，并在都市从事非农业工作；二是乡村生活方式向城市生活方式转变，这包括价值观、态度和行为等方面。第一方面强调人口的密度和经济职能,第二方面强调社会、心理和行为因素。实质上这两方面是互动的。"从中,我们能够发现,城市化的本质涵盖了经济和社会的两个层面。既有文献也表明,大量关于城市化的理论探讨与分析,就主要集中在经济学和社会学领域。

(一) 经济学对城市化的理论解释

在经济学领域,主要有两种理论视角对城市化现象进行研究和解释。第一种理论视角来自发展经济学,第二种理论视角来自区域经济学。

1. 发展经济学视阈下的城市化

发展经济学将城市化视为人口从乡村向城市流动,农业活动的比重逐渐下降,非农业活动的比重逐步上升的经济结构变动过程,并提出了结构变动理论,以探讨和解释一国经济如何从一个仅能维持生存的、传统的、以农业为主的经济向一个现代的、更为城市化与工业化的经济过渡。结构变动理论应用新古典经济学理论的分析方法,对这一转换过程的发生和发展的分析,形成了两个著名的理论模型:一个是刘易斯的两部门剩余劳动模型,另一个是钱纳里的发展模式经验分析模型。

在两部门剩余劳动模型中,刘易斯把一国经济分为两个部门:传统的农业部门和现代的工业部门。在传统的农业部门内部有为数众多的剩余劳动力,导致农业部门劳动力的边际产品为零。农业部门的劳动力只能得到可以维持生计的"生存工资”。而在现代工业部门，企业家通过雇用工人进行生产并获得利润，然后把利润中的一部分用于储蓄、投资，扩大其生产规模，并获得更多的利润，这些利润中的一部分又被用来储蓄、投资，从而启动一个新的生产规模扩大的过程。在现代工业部门规模的不断扩大过程中，传统农业部门的剩余劳动力被一批一批地转移过来。因此，假设工业部门工人的初始边际产品为 MP_0，初始工资为 W_1，传统农业部门工人的生存工资为 W_0，由于假定农业部门工人的边际产量为零，在剩余劳动力转移完之前，农业部门工人的工资保持 W_0 不变。而其中 $W_1>W_0$，这便是诱导农业部门的工人向工业部门转移的原因。工业部门初期的资本存量为 K，劳动力存量为 L，通过把利润中的一部分用于投资，在第二期中，工人的人均资本占有量上升，即 K/L 增大，导致工人的边际产品上升，由 MP_0 上升至 MP_1。在 W_1 不变的条件下，工业部门的就业人数从 N_0 上升到 N_1，也就是说有 N_1-N_0 单位的农业剩余劳动力被转移到了工业部门。在第三期中，资本家再把利润中的一部分用于投资，提高工人的人均资本占有量，提高工人的边际产量，把农业部门的 N_2-N_1 单位劳动力转移到工业部门。这个过程反复出现，直到农业部门的剩余劳动力被吸纳完毕为止(如图导.1)。这样，随着经济结构的转换，一国便实现了人口的城市化。(Lewis，1954)

钱纳里的发展模式，又称发展格局的经验分析。在《工业化和经济增长的比较研究》一书中，钱纳里以实证研究方法分析了 1950—1970 年的 20 年间，一百多个发展中国家的经济发展与经济结构变动的关系，从积累过程、资源配置和人口分配过程三方面列出十项指标，观察它们如何随人均收入的变化而变

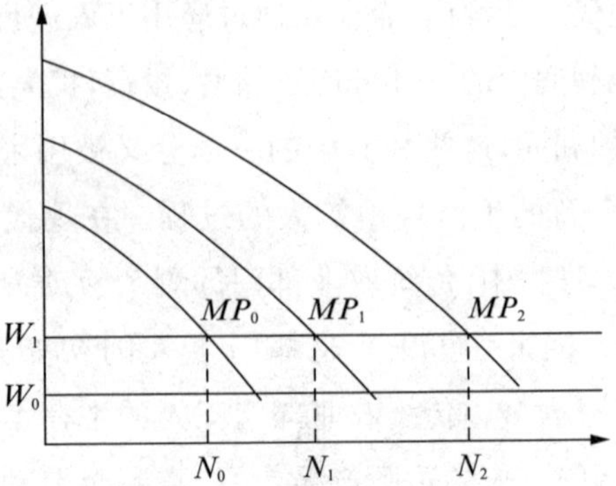

图导.1　刘易斯人口部门转化模型

化。钱纳里的研究既从横向的某一个时点上，也从纵向的时间序列上观察了处于不同人均收入水平的发展中国家，最后得出一个经济结构随经济发展的正常变动的模式。这种变动包括从农业生产向工业生产的转变，消费者需求从重视食品和生活必需品的消费向要求多样化的制造业产品和劳务消费的方向变化，人们从农村向城市转移而带来的城市经济增长和城市工业的变化，以及由于家长重视子女的质而不是量的观念的变化而带来的孩子的经济价值下降，家庭规模大小和总的人口增长的变化等。如果说刘易斯模型强调城市化过程中人口的密度和经济职能的话，那么钱纳里的发展模式更加强调城市化过程中的人们社会、心理和行为因素。（钱纳里，1988）

2. 区域经济学视阈下的城市化

刘易斯的结构变动模型实际上是对发达国家工业城市化道路的理论概括，城乡人口结构的转化是城市化的必要基础和条件，而两部门间的利润差成为转化的动力。由这个模型衍生

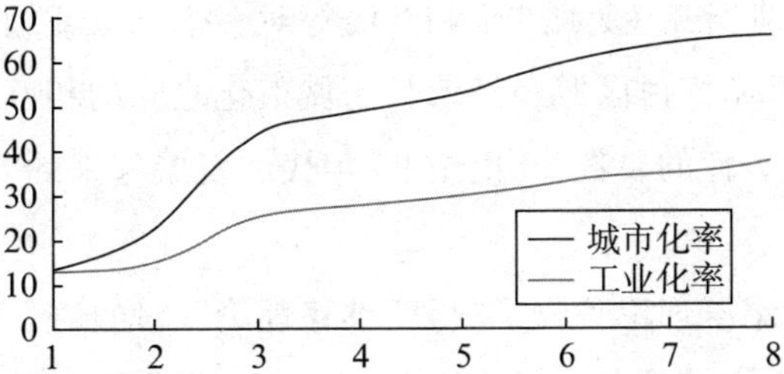

图导.2 钱纳里关于工业化与城市化之间的相互关系模型(钱纳里,1988)

出来的关于产业与城市发展之间关系的观点,特别是许多城市建设的目标和口号,实质上都隐含了这一理论逻辑,对发展中国家的城市化实践影响深远。比如,以商业贸易促进城市化;以工业化带动城市化;用服务业深化城市化;信息化与全球城市、智慧城市建设。

但是,刘易斯模型无论是在理论上,还是在经验上,都存在一些不足。首先,刘易斯模型的建构相对简化,他将一国经济看成是封闭经济,忽略了国际经济及开放性对一国经济和城市化的影响。在经济全球化背景下,各国之间的经济联系日趋紧密,任何一国国内经济的发展,都无法摆脱国际经济波动的影响,并进而影响城市化的进程和水平。其次,刘易斯模型中所体现的是一种单向的因果关系,两部门之间的利润差成为产业人口流动的动因,产业状况决定了一国的城市化进程。再次,在刘易斯模型中,城市工业部门被理想化为不存在失业,农村剩余劳动力被吸纳完毕前城市部门实际工资保持不变,农村边际生产力为零以及城市工业的就业创造率与其资本积累率成正比,这种假设在现实生活中是不可能的。

区域经济学可谓弥补了刘易斯模型的不足,开始考虑国际因素如产业分工、技术进步和外溢等对一个国家或地区发展的影响，也开始探讨区域经济增长与城市化之间的相互关系。其中最有代表性的要数20世纪90年代后发展起来的“产业集群理论”。

产业集群理论吸收了“梯度推移理论”、“增长极发展理论”和“地域生产综合体理论”等传统区域经济发展理论的合理成分，并随着实践发展而增加了一些更适合市场经济环境的合理因素，表现出一定的创新性：一是并非简单地争论区域发展的平衡性与否，而是强调发挥区域各种资源要素的整合能力，追求适合于区域具体特征的区域发展道路；二是突出技术进步与技术创新，强调创新在国家或区域经济增长中的作用与日俱增，认为技术进步是生产力发展的决定性因素；三是强调区域发展要素中资源整合的协同效应，投入要素不仅包括一般意义上的资本、劳动力、自然资源，而且还强调企业家资源的培育及其在发展中担当的作用。

区域经济学理论基本解释了区域发展的一般规律，特别是产业集群理论，它在强调区域分工的重要性外还进一步强调了发挥区域内各种资源整合能力的作用，特别是技术进步与创新的作用。在这些理论基础上，学者们提出了城市化与区域经济增长的互动模型。（图导.3）城市作为区域的重要组成要素，是区域内经济和社会活动的聚集体。如果把区域视为一个系统，城市的形成与演变是在特定的区域中完成的，城市的发展轨迹受制于其所在区域的总体发展格局。区域从资源供给、环境容量、经济基础支撑、市场需求、社会发展等方面对城市的发展产生多种约束。在一般情况下，区域自然资源和劳动力的供给种

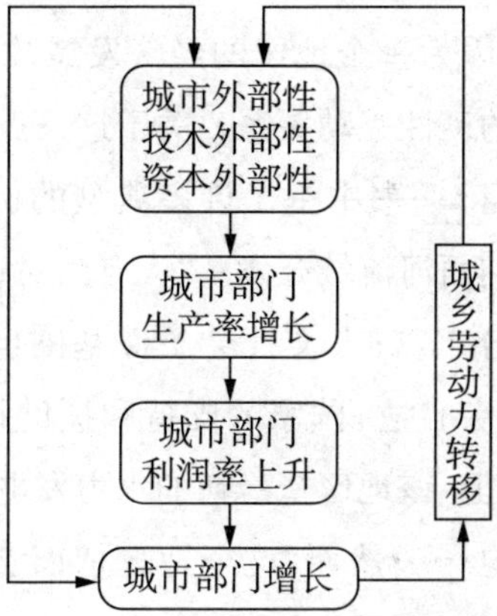

图导.3 区域经济增长与城市化互动模型

类、供给能力，区域市场的需求结构和潜力，会制约城市的经济结构类型及其发展前景。另一方面，从区域经济的空间集中性来看，区域的经济发展在很大程度上又是依托城市而进行的。城市作为区域经济与社会活动的集聚地，对区域发展具有组织、带动作用。城市化是区域经济和社会发展的一个重要过程。城市发展引发和增强了区域的经济结构、社会结构、空间结构的相应变化，从而推动了区域经济和社会的演进。因此，城市化与区域经济的增长之间的相互作用是一个累积性的因果循环过程。（杨开忠，2000、2001）

区域经济增长与城市化的互动模型尽管看到了经济增长与城市化相辅相成、相得益彰的可能性，但并没有指出实现这种可能性的条件，也没能考虑到两者之间的相互脱节与掣肘。首先，区域经济的持续增长本身就是一个问题，特别是在人口、资源、环境、技术创新等多重因素的约束下，经济增长的永动机并不存在。其次，即便产业转型升级，经济持续增长也不一定会带来城市的发展，因为一个地区的经济发展政策与城市发展政策并不存在必然的良性互动关系。关于这一点，雅各布斯在《城市经济与国家财富》一书中举了许多典型的例子，其中发人深省的是著名的田纳西河流域开发。“大自然对这个地方很慷慨，各种自然资源十分丰富；人文社会条件基础也不差，该地区和平稳定，人们也勤劳自立；国家的支持和援助计划（TVA）十分巨大；在产业发展上，该地区从最初的水力发电，到煤电开发，最后发展到核能发电……然而，这个地方依旧贫穷落后，城市发展不起来。”（简·雅各布斯，2008：85－97）此外，发达国家，例如美国历史上工业化与城市化的相互关系表明（如图导.4），工业化与城市化并不是一个线性的相辅相成关系。在工业化的后期，制造业占GDP的总值开始下滑，工业化对城市增长的动力不再，但城市化水平依然保持了一定速度的增长。可能有些人会认为这是第三产业兴起的结果。但是，究竟是第三产业的兴起推进了城市化，还是城市化的深化带来了第三产业的崛起，这是一个有待经验论证的问题。因此，至少我们应该看到，产业转型升级，经济持续增长并不必然带来城市的繁荣的发展；城市的持久繁荣，不仅需要产业的转型升级做支撑，也需要城市发展战略的调整做保障，更需要产业转型升级与城市化战略调整之间的协调和契合。

（二）社会学对城市化的理论解释

在社会学领域，对城市化的解释主要有三个理论路径：一

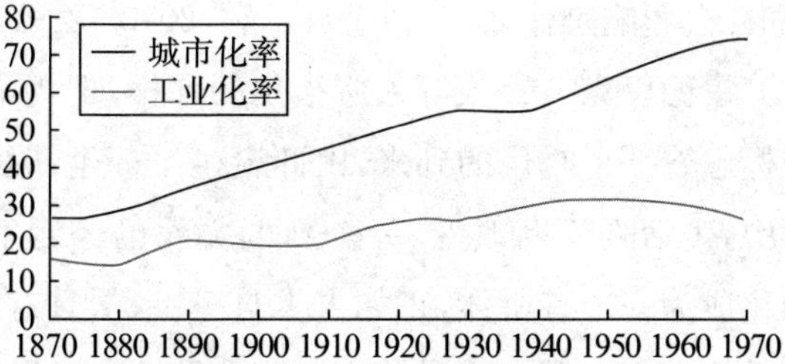

图导.4　美国工业化与城市化之间的相互关系图(王小鲁、夏小琳,2000)

个是古典社会学,二是兴盛于两次世界大战期间的芝加哥学派,三是 20 世纪 60 年代兴起的新城市社会学。古典社会学大家们主要是从欧洲从农业社会步入工业社会的大转型来谈城市化,城市被当作社会转型的分水岭。而从芝加哥学派到新城市社会学,社会学关于城市发展的理论框架则基本上是以美国为经验对象的,它们用不同的理论视角描述了美国特定历史阶段城市发展的特征及其动力。

1. 古典社会学家对城市化的论述:城市作为一种新的社会生活组织形态

在社会学领域,阿德纳·费林·韦伯(Adna Ferrin Weber)所著的《19 世纪城市的成长》(*The Growth of Cities in the Nineteenth Century*)是第一本较好概念化地对城市进行综合统计研究的英文著作。韦伯意识到了 19 世纪西方社会的急剧变化,认为:“当前最显著的社会变化是人口在城市集聚……在西方世界,向心或聚集现象成为普遍的趋势。”他的研究重点分析了这样一些问题:导致人口转移等变化的动力是什么?这种变化能否持续?最终结果如何?人口重新分布所带来的经济、道

德、政治和社会影响是什么？（转引自贝利，2010：2-3）

正如弗雷德里克·C.豪等人所指出的那样，现代城市在人类文明中标志着一个时代的到来，由此诞生了一个新社会。在所有关系中，生活在不断改变，一个新的文明已经诞生……社会已经演化成为一个有机体，正如人类自身一样，具有头脑、心脏和神经系统……它是一个能动的有机体，具有意识，能够做出一致的行动，能够准备，具备智能……有助于形成一个明确的政治和社会理念。（Howe，1905）

欧洲社会哲学家们也对其所感受到的由工业城市化导致的革命性变化进行了深入的思考。他们提出了一些基本的问题，例如：城市生活产生了什么差异？为什么会产生这些差异？在这些理论叙述中，工业大都市被公认为是社会的分水岭。学者们在强调区分分水岭的根本变化时，传统和现代两种社会类型之间的分化被建构出来。

亨利·梅因爵士（Sir Henry Maine）最先描述了这种显著区别。他研究发现，随着现代工业及现代城市的发展，家庭依赖性逐渐解体，个人责任逐步增加，建立于个人在家庭中所处地位上的集成责任，逐渐被契约和有限责任所取代。而这种所谓“从身份到契约”的变化，是根据对财产（主要是土地）的占有方式的变更而同时进行的。在乡村，土地由家族共同拥有；而在城市，土地成为可以交换的商品，个人不再依附于土地和家庭。（Henry Maine，2004）

滕尼斯进而指出，在所有文化系统的历史中存在两段显著不同的时期。第一段称之为礼俗社会（Gemeinschaft），在这种社会状态下，社会中组织的基本单元是家庭或靠血缘维系的族群，个体的作用和责任由传统的权威所界定，社会关系是本能的和惯常的，合作为习俗所左右。第二段称为法理社会（Gesellschaft），在这种社会状态下，社会和经济关系建立在个人之间的契约基础上，个人有专门的角色，对于个人的回报不再是基于世俗的权力，而是基于竞争性的劳动力价格；劳动力成为市场中最重要的生产要素；对个人产生影响的不再是亲情关系，而是专业中的同行；社会关系是基于理性和效率，而非传统和习俗。（Tonnies，2010）

在滕尼斯的思想基础上，涂尔干进一步认为，日益分化的劳动分工是使得人类文明从片段化机械团结走向有组织的有机团结的一个不可改变的历史现代化过程。片段化的社会是建立在血缘关系之上的，由相似的无所不包的家族演替构成，而现代化的过程则将这些小的社会群体融合成大的集合体，进而形成国家。社会劳动分工日益分化和城市人口数量的增加，使得人们社会交流和接触的机会大幅度增长。（Durkheim，1997）

类似地，齐美尔（Georg Simmel）区分了两种社会状态，着重探讨了两者在社会心理上的关系。一种是个人完全沉浸在直接接触的小社会圈子中，另一种是个人在集体社会中承担专门角色。在前一种社会状态里，个人的全部个性被其所在的群体所决定和主宰，在后一种社会状态里，个人参与到关系生活的各个专业利益集团里，在有限责任的条件下，个人受到保护。齐美尔看到了乡村生活与大城市生活之间显著不同的特征：乡村生活具有稳定的生活节奏，个体停留在无意识层次；而城市生活不断受到外部的刺激，个体需要不断做出有意识的反馈。都市中的个体具有高度自治的特性，个人变得更加自由，人际间关系的处理主要基于非情感因素的考虑和计算。

萨姆纳从满足人的需要途径的差异性角度比较分析了城市与乡村的重大差别。他认为人们的需求及关系主要受到两种模式的影响——民间方式（folkways）和国家方式（stateways），前者指满足人类需求的直觉和无意识方式，它更多地受到社会制约；后者指受到国家体制所左右的契约关系，它更多地受到来自国家的调控和城市中经历的影响。（William Graham Sumner，2011）正如威尔考克斯所描述的那样，“城市似乎在不可思议地改变着人们，新来者会被同化，从而演变成为城市人”。（Wilcox，1904）

这种观点在马克斯·韦伯那里也有深刻的论述。韦伯认为，在人类历史上，社会理性在不断增加。在传统社会，个体行为基于对惯常刺激的反应，主要涉及自治反应，进而影响到社会行为。而在现代社会里，社会关系变得相互关联，个人行为主要依靠理性的自我意识，因而社会具有了契约的特征。个人被一种理性法则所指引，认为存在着合法的义务，并且理性地期待其他个人和组织也会去践行这些义务。公共机构设法调控随之而发生的契约行为，并提供确定性的原则，以使个体接受当局的管理。（Max Webber，1963：23－56）

综上所述，古典社会哲学家看到了城市兴起的背后，人类社会关系的构成和组织原则发生了深刻的变化，其中最重要的变化就是从身份到契约，从情感到理性的转折。城市被认为是社会生活组织形态的分水岭。在此过程中，社会分工高度专业化，个体之间的相互依赖加剧，社会变得更加脆弱多变，政府（官僚机构)作为一种特殊形式的管理方式,其数量与功能影响在不断增加。

2. 芝加哥学派对城市化的解释:城市作为社会生活的容器

19世纪末20世纪初,美国从农业社会向城市社会过渡,进入迅速工业化和城市高速发展时期,大量农民和移民涌入城市,使得城市人口的急剧膨胀与城市容量之间的矛盾十分突出,一系列的社会问题由此产生。这一时期美国的城市社会问题触发了芝加哥社会学派对于城市的研究,其研究对象与内容涵盖了邻里关系、职业阶级和类型、新闻和社会流动、股票交易和暴民、危机心理和集团行动、党派政治和宣传、个人流动和道德等多方面。

作为城市社会学芝加哥学派代表人物,帕克在1916年发表的《城市:对于开展城市环境中人类行为研究的几点意见》中,对城市下了一个基本定义。他认为,城市是一种心理状态,是各种礼俗和传统构成的整体,是这些礼俗中所包含,并随传统而流传的那些统一思想和感情所构成的整体。在帕克那里,城市绝非简单的物质现象,绝非简单的人工构筑物。城市同其居民们的各种重要活动密切地联系在一起,它是自然的产物,更是人类属性的产物。帕克把城市看成一个由内在过程将各个不同组成部分结合在一起的社会有机体,由此提出了城市的人类生态学定义和构想,并把自己以社区研究为基础的学说称为"从动物和植物中分化出来的人类的生态学"。所以,在帕克眼中,城市是一个生物,一个有生命的有机体,城市化的过程如同一切生物为生存而去适应或者改变环境的生态过程。在这种逻辑下，城市能够主动地去选择和重组城市发展所需要的各种资源。这些资源包括人口的选择和城市的空间布局。但是，为了将其区别于单纯的生物有机体，帕克为城市加上了一个文化的向度。因此，生物(biotic)、空间(special)和文化(cultural)构成了帕克分析城市发展的三个向度。(周晓虹，2004：94－98)

首先，城市化是一个生物的过程。与齐美尔将货币经济视为都市过程之主要动力的观点不同，帕克把城市看作一个有机体，城市的过程如同一切生物为生存而去适应或改变环境的生态过程。达尔文的进化理论——植物和动物在自然环境中为了生存和争夺资源而发生的淘汰、适应与进化——是帕克理论的重要来源。在这种理论预设下，帕克认为，城市生态过程的核心是对城市有限资源的"竞争"，竞争导致各种支配形式，并促成高度复杂的劳动分工，从而形成特定的组织形式。其次，城市化是一个空间改变和重组的过程。城市一方面从中心向外扩张，实现了城市的机体扩展；另一方面，在扩展的过程中，城市又形成了分化，形成不同的自然区域。所谓自然区域，正是帕克和芝加哥的其他学者提出的作为城市基本组织单位的"社区"。最后，城市化也是一个文化的过程。虽然帕克在分析都市及都市人类时处处类比生物学，但它坚持认为人与其他生物有着某些重要区别，具有文化的特征。因此，帕克的城市理论是一种"人类生态学"，而非一般"生态学"的理论。

在帕克的理论基础上，芝加哥城市学派的其他人先后提出了基于土地使用方式之上的城市空间结构的三个基本模型，对后来的城市地理、城市规划等学科影响深远。这三个模型按照提出的时间先后，依次是伯吉斯(E. W. Burgess)的城市增长和分化的“同心圆模型”(Concentric Zone Model)，作为对此模型的批评修正而产生的霍伊特(Homer Hoyt)的“扇形模型”(Sector Model)，以及哈里斯与乌尔曼(Harris and Ullman)的“多核心模型”(Multiple Nuclei Model)。

作为芝加哥城市研究的集大成者，帕克的学生路易斯·沃斯在分析和总结以往城市社会学家的理论和观点，以及研究社会学家积累的大量描述城市现象材料的基础上，构建了系统的城市社会学理论。1938年，沃斯在其著名的论文《作为生活方式的城市性》(*Urbanism as a Way of Life*)中，第一次明确地把城市性理解为社会生活方式的变革过程。他认为，城市的本质是异质性(heterogeneity)，城市是“由具有城市异质性的个人所组成的较大规模的较高密度的永久的聚落”。沃斯抽象出城市的三个核心特征，即人口规模(size)、人口密度(density)和人口异质性(heterogeneity)。他认为，人口异质性的增大、人口规模的扩大和人口密度的提高，综合决定了城市生活，有助于形成独特的“城市生活方式”或者说特有的“城市人格”。(Wirth, 1938)

在沃斯看来，城市是大尺度、高密度、高异质性的人口的集聚点，而他所做的研究工作就是从这些城市属性中总结出社会的交互作用方式及其对有组织的社会生活所产生的后果。费舍尔(Fischer)在总结了沃斯的理论模型后认为，沃斯的城市理论实际上由两部分组成：一个是基于涂尔干的社会学理论，一个来自齐美尔的社会心理学理论。在沃斯的理论中，从结构层次上看，规模、密度、异质性造成了差异化、形式化、体制化以及社会的失序状态;从行为层次上看,城市化可以为人们提供更多可供选择的心理及行为反应。城市具有更多的流动机会,当然也包括(个体)以社会孤立和失序的方式对城市生活进行适应。沃斯实现了两大理论传统的结合。他认为,在任何一个社会系统中,通过认知的调控对行为进行操作,实质上是一种个人行为的集聚。通过对刺激的选择性反应,城市结构中会形成不同的利益主体,个人的流动和个性的发挥也能够从中寻找到相应的机会。主流社会中动态的人们为了寻求自我认同,创造了许多复杂的机制策略,使得不同利益群体的正式结合得以维系。其结果是产生了诸多的次级关系。然而太多的独立,又导致了情感疏远、社会失序和个人的偏离行为。在此意义上,城市化一方面促进了社会进步,另一方面也带来了许多负面影响。(Fischer,1972: 187 - 242)

由此,芝加哥城市学派的核心观点可归结为一条普遍而简单的命题——城市是生活的容器,城市影响和形塑社会关系。

3. 新城市社会学对城市化的理解:城市作为阶级斗争的场域

20 世纪 60 年代,欧美国家普遍陷入"城市危机"。欧美城市由于郊区化的发展和城市中心产业的外迁,中心城市的税收减少,财政收入降低,公用设施得不到更新和修建,城市商业、服务业萎缩,城市失业人口增多,居民实际生活水平下降,一些城市持续爆发社区居民抗议运动和骚乱,犯罪率上升。在此背景下,以新马克思主义为旗号的新城市社会学兴起。新城市社会学对城市生态学派进行了猛烈的抨击,认为生态学派提出的城市通过竞争与适应而自动达到社会平衡的观点无法解释欧美社会普遍出现的城市危机，城市社会并非日益整合有序，而是阶级冲突和种族不平等日益严重。在他们的理论中，城市不再是生活的容器，而是各种阶级和资本力量相互角逐的舞台。因此，新城市社会学集中探讨了资本主义、集体消费、财富的积累、权力的集中、社会阶级关系与国家管理职能等对城市发展和空间塑造的影响。

法国城市社会学家卡斯特尔从结构马克思主义的视角出发，对城市社会生活形态进行了批判性的分析。他认为城市是社会结构的表现，而社会结构是由经济、政治、意识形态系统组成的，其中经济系统起决定作用。为此，卡斯特尔提出了集体消费的概念，并从劳动力再生产的过程来阐述。卡斯特尔认为，在农业社会，劳动者主要是通过个人提供的私人消费进行劳动力的再生产，农民为自己提供衣食住行及其他大部分生活资料。而随着社会化大生产的发展，城市劳动者的个人消费日益成为以国家为中介的社会化集体消费。城市住宅、交通通讯设施、供水供电、医疗、社会保险、福利事业、教育、文化娱乐等公共事业都成为劳动力再生产的必要投入。个人资本已不可能独立组织起这些消费过程，唯有通过国家的介入，直接干预公共事业的生产、分配、管理与消费的组织过程才能提供集体消费资料。所以，后工业时期发达资本主义社会的国家政权已成为一股凌驾于社会生产方式之上的独立力量，并直接影响着城市发展的进程。（邓清，1997）

在卡斯特尔看来，作为集体消费过程发生的主要场所，城市的发展和演变是占统治地位的资本家阶级和社会中被压迫的劳动者阶级之间不断斗争的结果。在这个场所中，资本家的利益来源于资本积累，他们希望国家大量投资于社会性生产过程（如投资于有助于其扩大再生产的基本建设），而把集体消费投资降到最低限度。但是劳动者阶级则要求国家加大对集体消费的投资。在城市社会，现代化社会大生产的发展对维持劳动力再生产的消费资料的生产同样也提出了日益高涨的要求，如高技术产业对劳动者的教育、技能水平的要求不断提高。如果国家不能提供充分的教育和培训，必然造成大量失业，影响城市社会的稳定。在此情况下，国家一方面代表统治阶级的利益，另一方面又不得不采取一定的措施缓和阶级矛盾。随着资本的市场运动，政府在何时、何地，以何种方式，在多大程度上组织集体消费过程，必将极大地影响城市空间形态的演变（夏建中，1998）。

此外，卡斯特尔还指出，除了阶级斗争，城市运动也是影响城市发展的重要因素。人们的社会利益与他们所在的社区紧密相联，在同一社区生活的居民便有可能超越阶级的界限组织政治团体，为捍卫社区的共同利益而斗争。如果政府不能向社区提供足够的集体消费资料，社区团体就可以通过组织社区运动的方式来表示不满和进行抗议活动。这些社会活动能够对城市政府的政策决策及城市发展过程起到重大影响。

作为新城市社会学的另一代表人物，美国学者大卫·哈维根据马克思主义关于资本主义生产和再生产的周期性原理，提出了资本运动的“三级环程”理论，并以此来解释资本运动和城市空间发展的关系。在哈维的理论中，资本运动的“三级环程”包括：初级环程，即资本向产业的投入和向消费资料的利润性生产的投入;次级环程,即资本向城市基础设施和物质结构的投入;第三级环程,即资本向科教、卫生、福利事业等劳动力再生产的投入。在资本运动的初级环程,资本家在价值规律和资本本质的支配下,最大限度地榨取剩余价值,增加积累,扩大生产,把劳动力再生产所需要的消费压到最低限度,结果造成了生产过剩、过度积累。为了摆脱积累过剩的困境,资本必须寻求新的出路,一部分剩余资本从初级环程中分离出来,进入次级环程。对城市基础设施和物质结构的投资是长期的和社会性的,这类投资数额巨大而且不能产生直接的生产性利润,因此私人资本一般无力也不愿进行投资。为此,国家开始发挥干预作用,一方面通过各种优惠政策鼓励私人资本进入次级环程,另一方面通过金融政策为私人资本创造良好的投资环境。当"初级环程"和"次级环程"的过剩资本寻求出路时就会考虑进入"第三级环程"。"第三级环程"的投资不直接产生利润,它同样需要国家的介入。国家从整个社会出发,为提高劳动力再生产的水平,保证劳动力能更多地创造剩余价值,制定各种政策进行干预和介入,与私人资本共同进行投资。对于资本环程对于城市发展的意义,哈维认为资本在"次级环程"的投资是城市发展和变迁的主要决定因素。因为土地及之上的建筑物等城市基础设施可以不断地为资本创造价值,这种能力使私人资本在"次级环程"中获取利润(主要是房地产业),于是吸引更多的过剩资本进入次级环程。当城市中心商业区趋于饱和时,资本便向郊区移动,投资于郊区豪华住宅的建设,这就带动了中产阶级的居住郊区化,并导致城市中心或中心城市的衰落。(夏建中,1998)

简言之,新马克思主义学派通过对资本积累的动态过程的分析，着重阐述了国家政权在城市发展中的作用。他们认为，资本的动态过程以及国家对劳动力再生产过程的干预是住房问题的关键和城市发展与演变的真正动因。资本积累和阶级斗争的过程决定了城市空间结构形态的规模、速度和本质。

从上述社会学领域对城市及城市化过程的理论观点中，我们能够发现，经典社会学家似乎只是笼统地指出了当时正在兴起的城市社会的一些基本特征，而芝加哥学派和新城市社会学，用不同的理论视角，分别解释了美国历史上城市化过程中的某一段落。在整体城市化史上，社会学的理论解释之间似乎存在着一定意义上的断裂，从而无法对一国城市化的发展及其所面临的问题提供一种历史制度结构演化的视角，也就无法清晰地发现影响一国城市化发展的历史结构动因、演化机制及其产生的更为深刻的社会影响。

三、新的视角与分析框架

本研究试图以中美两国的经验为例，通过将城市化置身于国家建设的历程中，考察国家在不同历史阶段的城市化策略及政策导向来解读城市化背后的政治(策)动因。正如布赖恩·贝利所指出的：迄今为止的有关城市化的许多理论和政策基础都来自“19 世纪的工业城市化”，而常规的知识已不再奏效，20 世纪的快速城市化尽管有许多共性，但存在多种路径，各国城市化的原因和结果各不相同，迫切需要新的理论框架，来“应付不同社会政治背景下的城市化过程研究”。(贝利，2008：5 - 6)

我们认为，与主要基于工业发展和企业技术变革所带来的自发城市化观点不同，19 世纪以来无论是在发达国家所产生的工业城市化，还是 20 世纪在发展中国家产生的快速城市化，都主要是在政治和社会变革的推动下，国家和政府积极干预与规划的结果，城市化进程展现出明显的战略目标与战术手段的相互配合或冲突，城市化过程中充满了战略目标制定与战术手段实施之间的调适与变更。在这一过程中，国家或中央政府始终是城市化的核心行动者，地方政府、市场和社会在不同的历史阶段展示了各自的力量，扮演了不同的角色，对城市化战略和战术的转变产生了重要影响。因此，城市化进程表现为国家建设背景下一系列战略的实施与变更。本书拟从如下框架（见图导.5）来叙述中美两国历史上的城市化进程，基本假设可以表述为：城市化是国家建设背景下实现社会结构变革的一种重要战略工具。

基本的解释逻辑是，如果说任何一个国家，其国家建设的终极追求可以用现代化来指代的话，那么以现代化为终极目标的国家建设，必然是在一定社会结构基础之上展开的。因此，从这个意义上说，一定的社会结构是国家建设的基础，同时，国家建设又以改造社会结构为主要的着力点。在不同的国家建设

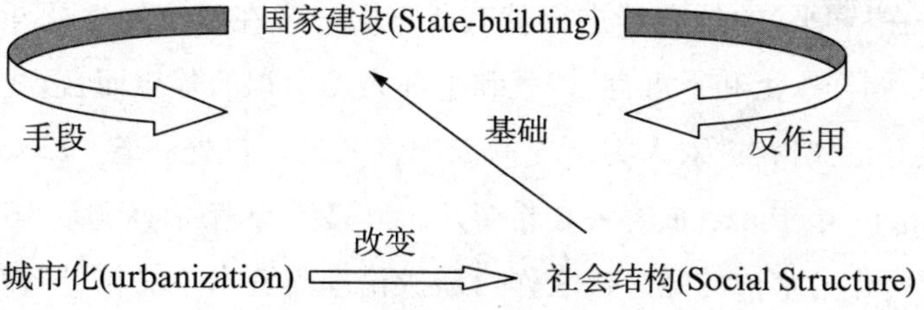

图导.5　国家建设与城市化策略关系分析模型

阶段，国家通过建构和实施特定的城市化战略来实现改造社会结构，其产生的后果又会进一步影响国家建设目标的实现。

(一) 国家建设与国家的回归

社会学的诞生时期，正是西方现代民族国家崛起的时候。当社会学在欧洲诞生时，在经典社会学家们的理论思想背后，都蕴含着一种强烈的国家意识和抱负。遑论马克思阶级斗争思想中旗帜鲜明的国家建设方案，这一点在韦伯的两部著作上也得到了非常具体的体现，一是 1895 年 5 月在弗赖堡大学的就职演讲基础上形成的《民族国家与经济政策》；二是 1904—1905 年出版的《新教伦理与资本主义精神》。

韦伯在《民族国家与经济政策》中指出，“我想提醒人们注意的首先是这一事实：德国人需要从经济上保护自己这样的问题不管怎样都存在于我们心中，而且我们都认为德国人在德国东部‘应当’受到保护，都认为国家的经济政策‘应当’从保护德国人这种角度出发来制定。为什么我们认为我们有权利提出这种要求？对此的答复尽在于：我们的国家是一个民族国家”，“各民族之间的经济斗争从不停歇，这一事实并不因为这种斗争在‘和平’的外表下进行就有所不同……在经济的生死斗争中，同样永无和平可言”，“就和平和人类幸福的梦想而言，我们最好记住，在进入人类历史的未知将来的入口处写着：Lasciateogni speranze(放弃一切希望)”。(马克斯·韦伯，2007：167－168)作为韦伯的经典代表作，《新教伦理与资本主义精神》被反复引用和解读，但大多停留在书中所体现的个体主义方法论意义上。而如果我们将两部著作结合起来看，似乎能够发现，两部著作背后共同的主旨、抱负和理论关怀是现代民族国家的崛起。其中，前者是对德国在19世纪末20世纪初西方民族国家竞争中能否取胜的担忧及其建议；后者描述和解释的则是美国现代资本主义的国家崛起，揭开了隐藏在经济制度背后的精神力量。韦伯认为现代资本主义的兴起“不是一个单纯的经济现象，其所呈现的特征反而处处和某一种宗教上的伦理态度相互呼应，也共同构成现代人普遍的生活方式，譬如说以‘职业’为生活的重心、讲求理性计算、注重个人的成就表现等。……而这一套西方花了几百年时间酝酿出来的生活秩序，不仅仅是经济和政治制度的综合体而已，它还有特殊的精神风格和文化意义”。（顾忠华，1997）

而当社会学的重心从西欧转移到美国之后，这种民族国家的抱负开始隐没。作为美国社会学兴起的标志，芝加哥学派以城市社会学研究著称，在其研究的背后，国家“消亡”了，城市成了族群共生的生活容器。正如斯考切波（Theda Skocpol）所言，“20世纪五六十年代直到60年代（之前）美国的政治科学和社会科学中主流的研究视角是多元主义和结构功能主义，其显著特征是在解释政治和政府行为时采用社会中心论的方法。在这些视角中，国家被视为过时的概念”。（埃文斯等，2009：3）直到20世纪60年代中叶以后，随着以批判性思维著称的“新马克思主义”者们发起了一系列有关“资本主义国家”的激烈争论，他们提供了大量概念错综复杂、经验数据涵盖广泛的研究，这些研究主要涉及国家在从封建主义向现代资本主义转型过程中的作用，以及发达工业资本主义国家中政府的本质和作用。（埃文斯等，2009：5）从这一时期开始，学术界国家意识开始回归，并兴起了一股所谓的“找回国家”的研究思潮。在此思潮的影响下，城市研究领域中新城市社会学崛起，阶级和政治意识开始回归，城市开始从生活的容器转变成为政治的舞台。

国家建设（State-Building）这一概念主要由查尔斯·蒂利（Charles Tilly）及同事提出。1954年，美国社会科学研究会（Social Science Research Council）成立，它集中了世界各国各领域专家学者，合作研究发展中国家的政治发展。随着研究的推进，委员会发现，要更好地理解新兴国家的政治发展，必须“回到欧洲”，研究欧洲国家与民族形成的历史。查尔斯·蒂利受托主持了这一研究，于1975年出版了由他主编的《西欧民族国家的形成》。书中，蒂利对西欧的现代国家发展过程进行了专门研究，着重考察了17—18世纪西欧现代国家形成过程中的国家制度，包括国家的暴力、政治、经济和行政制度等（Tilly，1992：22）。

西欧现代民族国家的建设，不仅意味着权力的扩张，同时意味着传统的资源抽取方式和控制的单元都发生变化，国家要承担起过去的共同体所承担的多种职能。“在对资源的抽取进行交易的过程中，国家建设者们强制性抽取资源的同时，不得不同时担负起保护、司法调节，有时甚至是生产与分配的任务”，“强制的行使者发现他们自己必须管理他们获得的土地、物质和人民，他们不得不卷入资源的抽取、物质、服务、收入的分配以及争端的解决”。（张静，2000）也就是说，在民族国家形成的过程中，国家虽然取代贵族获得对人民的直接控制，但也付出了代价，这一代价构成了现代国家建设的基础。

现代国家建设始于西欧，主要表现为西欧诸国从多中心的封建社会形态逐渐转变成现代民族国家的过程。张静认为西方现代国家建设的关键是，“国王在与地方权威竞争权力时必须把国家的角色建构成公民利益的促进者和捍卫者。这样一个角色及其与公民制度化关系代表的公共性(公民)权利原则，是‘国家政权建设’包含的规范性含义”(张静，2000)。而中国的国家建设有更多中国本土化的特征。自晚清以来，中国国家建设的主要表现为国家权力向基层社会的扩张、渗透和对资源的吸取。为了汲取和控制资源吸取的需要，国家将权力的触角延伸至县以下的基层。杜赞奇的《文化、权力与国家》就是对20世纪上半叶华北农村权力结构在这一进程中变化的研究。但是，杜赞奇发现，20世纪上半叶国家权力向下延伸在华北农村，但这并不成功。国家权力对乡村控制欲望和资源抽取的膨胀，极大地破坏了传统的文化权力网络，“乡村领袖与国家政权建设的目标不再一致，而且差距越来越大。这种权威危机造成政治真空，而唯一趁此机会钻入政治舞台的则是赢利性经纪人这一类人”，其结果是国家政权的“内卷化”。而直到新中国成立，这种国家政权“内卷化”扩张才得以终结。杜赞奇认为：“新中国成立初期大批裁减赢利性经纪人是税收大幅度增加的一个重要原因。”新中国之所以能够如此，是“因为它从基层开始建立了与国家政权相结盟的各级组织，完成了民国政权所未完成的‘国家政权建设’的任务”(杜赞奇，1996：237－241)，而这种国家政权建设的重要形式之一便是城市化。

如果说在改革开放前，基层政府组织是中央政府的忠实代理人的话，那么，新中国成立以来所建立的各级基层政府组织，在改革开放后经历了重要的变迁。例如学者们先后提出了“地方法团主义”(戴慕珍,Jean Oi,1992;1995;1998;1999),“地方政府即厂商”(魏昂德,1995),“村镇政府即公司”(Peng,2001),“谋利型政权经营者”(张静,2000;杨善华、苏红,2002)等论断。而自分税制改革和农村税费改革后,基层政府组织似乎又发生了变化,例如周飞舟(2006)就提出了“从汲取型政权向悬浮型政权的转变”的论点。这些研究表明,作为国家建设战略的一种表现形式,基层政权的组织变迁本质上也反映了国家建设战略的变化。

本研究认为,国家建设有多个战略组合,不同时期的国家建设有不同的路径选择,基层政权组织化和制度化只是一个战略,城市化是另一个重要的战略。在本研究中,我们认为,国家建设的终极目标可以用现代化来指称,而城市化又是现代化的必由之路。基于这一预设,本研究将城市化理解为国家建设的一种手段和工具。而为了分析的需要,本研究参照史学界关于各国现代化进程的通常标准,将美国国家建设分为三个阶段:统一国家建设(建国初—20 世纪 20 年代);福利国家建设(20 世纪 30—70 年代);后福利国家建设(20 世纪 70 年代末以来)。将新中国的国家建设也相应地分为三个阶段:全能型国家建设(1949—1978);发展型国家建设(1979—1998);全面小康国家建设(21 世纪以来)。其中每一个阶段对应着不同的社会结构类型和国家建设任务目标。

(二)城市化战略

本研究主要从特定历史时期国家建设所面临的主要问题

及其解决方式出发(主要考虑动用市场工具还是动用社会力量),将中美两国历史上的城市化战略分别做了三阶段的描述,每一阶段,国家建设的目标与任务不同,相应地国家所建构和实施的城市化战略呈现适应性的变化。

具体而言,在美国的国家建设进程中,第一阶段采用了所谓的市场扩张型城市化战略(即服务于市场形成与扩张的城市化战略),这种战略的积极后果是通过市场统一了国家,但其消极后果是市场侵蚀了社会;因此,在20世纪30年代,美国第二阶段的城市化发生了战略转向。以罗斯福新政为标志的一系列改革,开启了美国历史上的社会保护型城市化(即城市化战略开始服务于国家进行社会建设的目标与任务),这种城市化的积极后果是美国逐步建立起了从摇篮到坟墓的社会保障体系,其消极后果是市场的力量遭到过度遏制,城与市逐步分离,市场力图向郊区扩散,由此导致了美国历史上的快速郊区化;20世纪80年代以来,以里根新自由主义改革为标志,在新的全球化浪潮下,美国开启了市场与社会互动的城市化战略,第三部门在美国社会兴起,对美国经济社会的发展产生了深远的影响。

而在新中国的国家建设进程中,新中国成立初期采用了社会重建型城市化战略。通过对城市的社会主义改造,在重工业化过程中建立起了单位社会,国家收纳市场和社会,成为全能型国家,其结果是城市化发展缓慢。改革开放后,中国开始发展型国家建设,通过引进市场竞争,城市化道路发生了变轨,开启了市场扩张型城市化战略。但,市场力量的释放,国有企业的改革,瓦解了城市单位社会赖以存在的根基,城市社会结构通过市场机制再次重组,城乡两极分化日益严峻。新世纪以来,围绕全面小康社会建设的国家建设目标，中国城市化开始从市场扩张型城市化战略走向市场与社会互动型城市化战略，党和国家开始通过各种政策措施，力图统筹城乡发展，建设和谐社会。

表导.1 中美两国国家建设与城市化关系阶段性变化框架

美 国	中 国
第一阶段：(1793—20 世纪 20 年代) 国家建设目标：统一国家建设 城市化战略：市场扩张型城市化 后果：全国统一市场形成，市场侵蚀社会	第一阶段：(1949—1978 年) 国家建设目标：全能国家建设 城市化战略：社会重建型城市化 后果：单位社会，国家收纳社会与市场
第二阶段：(20 世纪 30—70 年代) 国家建设目标：福利国家建设 城市化战略：社会保护型城市化 后果：福利社会形成，市场力量被压抑	第二阶段：(1979—20 世纪 90 年代后期) 国家建设目标：发展型国家建设 城市化战略：市场扩张型城市化 后果：市场力量释放，单位社会解体
第三阶段：(20 世纪 80 年代以来) 国家建设目标：拆散福利国家 城市化战略：市场社会互动型城市化 后果：第三部门的崛起	第三阶段：(21 世纪以来) 国家建设目标：全面小康建设 城市化战略：引导市场，培育社会 预期后果：城乡协调发展

第一章　美国统一国家建设下的市场扩张型城市化

从1793年美国独立战争结束到1814年第二次英美战争结束，是美国国家建设和经济发展道路的草创时期。在政治上，美国开国元勋们经过不断尝试，制定了“1787年美国宪法”，组建了联邦政府，进一步巩固了美国的民主制度；在经济上，经过杰斐逊与汉密尔顿的论战，美国确立了工商立国的发展方针；在外交上，通过谈判、禁运和战争等手段，美国最终打破了英国的经济制裁，维护了主权的独立和贸易的自由。1814年美英《根特条约》的签订，彻底打消了英国卷土重来的妄想，确保了美国领土和主权的完整，美英之间继而建立起了平等的外贸关系。历经近30年的苦心经营，美国国家建设和经济发展才最终摆脱英国的种种限制，走上了独立自主的发展道路。

1814年后，经济上的独立加上安定的发展环境，促进了美国经济的腾飞。在大力发展民族工业的政策下，东北部地区的商业资本迅速转化成为工业资本，商人们大量引进新的技术和机器，组建新形式的工厂并进行管理创新，在全国率先开展了工业革命，拉开了美国工业化的序幕。此外，土地政策的制定和变革，诱发了大批移民奔向美国中西部地区。西进运动极大地促进了美国经济的发展，在此过程中，美国农业从小农经济走向了商品经济，生产规模不断扩大，农业生产技术不断提高，商品化和专业化发展不断深化。西部地区的开发，还为美国东北地区的工业发展提供了广阔的原料产地和产品销售市场，极大地促进了美国工业革命的纵深发展。此外，在西进运动中，政府诱导的交通革命促进了东西交通方式的变革。从公路修筑、运河开凿、汽船使用到铁路建设，东西部区域之间的联系不断紧密，大量人口和物流源源不断运转起来，使得美国国内市场和贸易规模迅速扩张，区域经济专业化发展壮大，促进了美国国内统一市场的形成。

与此相应的是，随着美国国土资源的开发，经济的不断繁荣，人口、资金、技术、物质等不断集中，美国城市呈现出飞速发展的趋势。1820 年后，美国城市化进程明显加速，城市数量和规模都不断增长，城市在国民经济和社会发展中的作用越来越突出。从 1820 年到 1920 年，美国的城市数量从 24 个上升到 2 728 个，城市人口占总人口比重从 5.1%上升到 51.2%，城市开始取代农村，成为美国经济社会发展的重心(见表 1.1)。

众多城市史研究将美国从建国到 1920 年间的城市化历程称为“工业城市化”。然而，城市并不是工业化的必然产物，工业化的结果并不一定会带来城市化。关于这一点，雅各布斯在《城市经济与国家财富》一书中已经做了丰富而令人信服的论证，其中最好的例子就是美国著名的田纳西河流域开发。自从 TVA——田纳西河流域管理局成立以来，国家花了大量的物力财力对该地区进行扶贫开发，其工业，尤其是电力得到了高速

表 1.1　1790—1920 年美国早期城市化进程

年代	全国总人口	人口增长率	城市总人口（超过 2 500 人的城市）	城市人口增长率	占总人口的比率	
					城市	农村
1790	3 929 214		201 655		5.1	94.9
1800	5 308 483	35.1	322 371	59.9	6.1	93.9
1810	7 239 881	36.4	525 459	63	7.3	92.7
1820	9 638 453	33.1	693 255	31.9	7.2	92.8
1830	12 866 020	33.5	1 127 247	62.6	8.8	91.2
1840	17 069 453	32.7	1 845 055	63.7	10.8	89.2
1850	23 191 876	35.9	3 543 716	92.1	15.3	84.7
1860	31 443 321	35.6	6 216 518	75.4	19.8	80.2
1870	39 818 449	26.6	9 902 361	59.3	25.7	74.3
1880	50 155 783	26	14 129 735	42.7	28.2	71.8
1890	62 947 714	25.5	22 106 265	56.5	35.1	64.9
1900	75 994 575	20.7	30 214 832	36.7	39.6	60.4
1910	91 972 266	21	42 064 001	39.2	45.6	54.4
1920	105 710 620	14.9	54 253 280	29	51.2	48.8

资料来源：丁艳，2005。

发展，但是，该地区城市化水平极其落后，经济凋敝，并没能逃脱贫穷落后的命运。因为城市是“城”和“市”的有机结合，任何地区城市的兴起和持续繁荣，必须存在一个独立和支持性的市场。这个市场使得该地区能够有能力进行“进口替代”。因此，市场及市场机制的建设，是城市化发展的重要因素。客观而言，美国从建国到 20 世纪 20 年代的城市化发展，采取的主要战略手段是利用市场,通过扩大和统一国内市场,来加强联邦制下各松散州和地区之间的联系,实现国家的统一和国内经济的发展壮大。这一过程充分体现了美国联邦和地方政府在推动由市场建设所引发的城市化进程中的关键性作用。

一、制宪会议:保护东北部城市经济

建国初期,美国虽然在政治上取得独立,但在经济上同英国依然息息相关,依旧是英国的原料产地和销售市场。经济能否独立发展是关系到政权巩固和国计民生的首要问题,如何发展经济,巩固新生独立政权成为美国政府的首要棘手问题。

在以新英格兰为重心的美国东北部,殖民地时期商业和贸易活动已经比较繁荣,城市社会已经初步兴起。但是,城市的成长与经济的发展和商业贸易活动相辅相成,持续繁荣的经济和自由开放的商业活动是确保城市欣欣向荣的必要前提,而城市功能的不断完善又是吸引人口和资本集中、产业聚集的魅力所在。在美国东北部,自由市场经济机制如同一双看不见的手已经开始运作起来,而对这一机制的保护和推广对建国初期美国经济的成长壮大十分必要。因此,通过法律手段来保障这一地区经济秩序的正常运行势在必行,它一方面可以活跃市场,促进经济增长,另一方面又能推进城市成长,增强国家的独立性。在认识到市场建设对于经济增长、城市发展与国家建设的重要影响后,在国家战略层面,建立和扩大国内统一的市场经济体系就成为美国政府的首要目标。

然而,独立后的美国实行的是邦联制政体,这种政体强调州与州的独立自主,中央政府的权力受到严格限制,它对美国国内发展自由统一的市场经济秩序形成了很多不利影响,特别是南部种植园奴隶主经济,成为北部工商业资本主义经济发展的重大障碍。此外,新生独立政权面临的政治、经济形势也十分严峻,政治上各州各行其是,经济上债台高筑,入不敷出,外交上英国、西班牙强敌压境,咄咄逼人。这些矛盾内外交织,使得本来就软弱的邦联政府一筹莫展。

1785 年至 1786 年,美国政府在内忧外患中陷入了严重的经济萧条,经济社会十分混乱。工农业产品滞销,农民付不起购买土地的巨款,高利贷者索要债款,各州政府不断加重税收,在战争中付出了巨大牺牲的普通劳动人民,在战后的处境更加艰难。在这种背景下,爆发了独立战争后美国历史上首次人民起义——谢斯起义。邦联制的种种弊端日益引起美国各阶层有志之士的不满,华盛顿甚至认为邦联制推迟了独立战争的胜利。汉密尔顿也在致朋友的信中,分析了邦联制的弊端,主张中央政府应掌握更多的权力。在汉密尔顿的倡导下,各州发动了修改和补充邦联条例的活动。在汉密尔顿的周围形成了支持中央集权的政治集团,这群活动家被称为国家主义者或联邦党人,他们力求推动美国政体从邦联制走向联邦制。

1786 年 9 月弗吉尼亚州议会建议各州在安纳波利斯召开各州会议讨论贸易问题,由于只有 5 个州的代表参加会议,因此会议没能解决预期问题,倒是通过了汉密尔顿起草的致邦联国会的报告。报告分析了邦联政体的种种弊端,呼吁各州一致行动,建议国会召开一次各州会议研究邦联弊端,共同寻找解决方案。这个报告虽然送交各州,但起初并未引起重视,直到谢斯起义,国家主义者和州权主义者才有了共同的“危机意识”,双方都认为必须遏制在革命中萌生的“过分民主”。于是,1787 年 2 月,邦联国会致函各州,要求派代表参加 5 月的邦联条例修改大会。会议上,主张联邦制的国家主义者与拥护邦联制的州权主义者进行了长久的论战和相互妥协,会议突破了预定目标,彻底抛弃了邦联政体,制定了宪法,史称为“联邦宪法”或“1787 年美国宪法”。

尽管城市居民和领导人在独立战争和确立宪政体制的过程中发挥了重要的作用,但是表面上看,联邦宪法中除了规定联邦政府和地方政府的权限外,却没有任何与城市有关的内容,至于城市与州政府之间的关系更是丝毫没有提及。历史学界对此现象的解释是:当时,城市在工商业发达的北方颇具地位,而在以种植业为主的南方不太受到重视,宪法既然已经保护了北方的经济利益,就不可能再直接制定偏袒城市的相关条款,因为如果这样,一定会招致南方的反对。而宪法精神里对资本主义市场经济的保护措施,在相当大的程度上等于间接推动了北方的城市建设。(梁茂信,2002:42 - 43)实际上,联邦宪法体现了美国中央政府对东北部业已兴盛的资本主义市场经济的潜在保护,具体表现在以下几个方面:

第一,用联邦制取代邦联制,为资本主义经济发展扫清阻碍。宪法确立了联邦政府在全国的核心地位,用国家实体取代了以前“四肢支配大脑”的松散主权联盟,这“有利于一个全国性统一市场的形成,有助于资本主义的迅速发展”(刘祚昌,1983:16 - 44)。宪法基本解决了国家主义和州权主义的矛盾,平衡了大州与小州之间的利益冲突。它既列举出了不可侵犯的中央政府的各项条例,又赋予了地方州政府处理内部事务的权力。宪法几乎最大限度地创造了州与州之间的平等地位,终结了邦联制体制下各州政权分立的混乱局面。从发展经济的角度看,宪法的采用为美国创造出了一个更为有利的经济环境(帕塞尔,2000：82),为治理国家、统一市场起到了突出的作用。

第二,统一国内市场,为发展现代资本主义经济奠定基础。宪法为统一国内市场做出的努力成为日后美国市场经济机制运行的基石。其内容主要体现在对税法的重新规定上,它打破了以往税收"割据"局面。美国宪法第一条的第七、八、九、十款均对税收政策有所涉及(李道揆,1999：778—780)。它不仅规定了征税议案的提出方式,说明了税收用途,而且统一了全国各项税收,取消了各州之间的税收壁垒。宪法剥夺各州的课税权就相当于统一了对外贸易的关税政策和制定标准,避免出现邦联时期因各州自行其是而给整个国家造成的被动的尴尬局面。同时,对于国内而言,它打破了原来因各州的税收标准不一致而导致的市场"割据"格局。宪法中规定的总体税收原则是美国日后具体税收制度的指导方针,国家既可从各州的征税中获得资金,又能保证贸易的有序往来,同时还可以抵御外国商品的冲击(Levine and Cornwell,1983)。此举为国内市场的统一提供了制度保障。

第三,保护私有财产制度,确保财产私有,维护资本主义市场经济体系。美国自建国之日起就确立了资本主义的性质。即便以奴隶种植园经济为主体的南方地区,也是整个美国资本主义社会的一部分,因为它是一种依赖于资本主义世界市场的大宗商品生产，不仅依赖广阔的国内外市场，而且同资本主义的商品经济有着紧密的联系。只有扫清资本主义经济发展的制度阻碍，才能在全国范围内建立统一和谐的市场体系；也只有对资本主义经济制度的维护，才能确保市场经济的存在，从而充分发挥市场经济机制的自我调节作用，实现资本主义经济的顺利发展。

总之，美国的宪政体制和国会通过的一系列措施在客观上推动了北方以发展工商和贸易为主导的市场经济体系建设，使其日臻完善，从而为北方城市在全国范围内的率先崛起提供了强大的动力。

二、“杰汉之争”与二次战争：工商立国道路的选择

制宪会议后，在美国的开国元勋中产生了两种建国方案。围绕着这两种方案，联邦党和共和党展开了激烈而持久的争论。争论由财政经济政策所引发，随后扩及宪法、政体、外交政策等问题。内政外交政策的严重分歧，又使政府与国会中形成了尖锐对立的两派，最终导致了联邦党与共和党的政治分野。这场大纷争几乎涉及一切领域，然而，透过争论的细枝末节，将其置于美国现代化的总体进程中加以审视，可以看到这场争论并非一般性政策分歧，也不仅仅是个人与党派之争，而是关系到美国建国后发展道路的重大问题。两位开国元勋实际上提出了两条不同的建国道路。汉密尔顿着眼于世界大势，主张走“工商立国”的道路，杰斐逊则强调美国的独特性，力主走“农业

立国”的道路。(张少华,1994)

两条建国道路的分歧不仅涉及经济发展方向,而且涉及联邦体制和政府职能。汉密尔顿的“工商立国”是与其“联邦主义”的理念紧密相连的。他认为建立联邦制是发展工商业的基本前提,而他的联邦主义不过是国家主义的代名词。正如理查德·莫里斯所指出,汉密尔顿“在本质上是个经济国家主义者”(Morris,1957：442)。相比之下,杰斐逊对联邦制一开始是有保留的,他虽不反对各州的进一步联合,但却主张保留更多州权。尽管在推进政治民主方面他比汉密尔顿激进,他的带有农业地方主义色彩的州权观念却比汉密尔顿保守,不利于联邦的统一和经济发展。

与此同时,对美国未来经济政治发展前景的不同设想也使两人在对外政策上存在歧见。汉密尔顿的工商业立国是以英国为楷模的。他不仅极力效仿英国的制度,而且积极发展与英国的交往,以便获得信贷资金和制造业技术。他还极力主张建立海军,以保护本国商业并向海洋扩张。而杰斐逊对英国的制度极为反感,对法国大革命予以热情赞扬。他主张与法国建立友好关系不仅是因为他认为两国共和制的命运息息相关,而且希望以此使美国农产品获得法国的市场。他极力主张美国向西部扩展,反对建立海军,希望美国成为摆脱与各国冲突的内陆国家。这样,在美国独立后是以工商业立国,还是以农业立国这个根本问题上的分歧,使汉密尔顿与杰斐逊之间实际上形成了两条不同发展道路的主张。

以汉密尔顿为首的“工商立国”道路与以杰斐逊为首的“农业立国”道路经历了长久的争论。在一系列政治、经济和社会因素的共同作用下，两条道路逐步融合，工商立国思想逐步主导了美国的发展进程。

1787年至1800年是联邦党执政期间，汉密尔顿就任财政部长后，着手制订了一系列财政经济法案，先后向国会提交了四份关于促进国内资本主义经济发展的报告。其中“充分支持公共信用”、“国产税法案”和“建立国家银行”三大报告均获得通过，但最有利于工商业发展的“关于制造业”的报告却被迫流产①。《关于制造业的报告》被称之为“美国工业化的宪章”，在汉密尔顿制订的经济文件中最具分量。该报告分为两部分：第一部分是有关制造业的理论和政策；第二部分是对当时美国制造业所做的详尽调查。报告着重论述了为什么要鼓励制造业和怎样鼓励并支持国内制造业，批驳了当时普遍存在的重视农业、轻视工商业的观点，以及农业国的制造业可以不要政府的保护，任其自然便可兴盛的论点。报告认为，制造业国在技术、资金、市场方面所具有的优势，使得“新建立制造业的国家与制造业已成熟的国家在平等条件下竞争，在多数条件下是不可行的”。落后农业国发展制造业必须依靠政府的保护。为此，报告在参照西欧各国政策的基础上，提出了十一条保护制造业的措施，包括征收关税、免除制造业出口税、对制造业主发放奖金、贷款等。

《关于制造业的报告》提出后立即遭到南部议员的反对。南

---

① 汉密尔顿《关于制造业的报告》是美国最先大力倡导发展制造业的报告，其中涉及了“工商业立国”的建国方针，提出了工业化实施的具体路线。但这一报告一提出立即遭到南方代表的全力反对，且与杰斐逊《关于商业报告》中的农本思想背道而驰，因此也没有获得北方代表的支持，最终挫败。

部州的斯通在发言中指出，由于制造业集中在北方，政府的鼓励政策显然对北方少数制造商有利，这实质上是拿联邦的钱让少数人发财致富。杰斐逊也指出“康涅狄格能生产大量制造业品，乔治亚州则不能生产，什么都要靠进口。这样，乔治亚人口虽不多，却要向财政部交付很多关税”，南部各州因而增加了负担。在国会辩论中，北部州议员对报告也缺乏热情，他们中虽不乏腰缠万贯的商人，却没有一个制造业工场主，他们更关注的是能直接带来利益的贸易与商业，对鼓励制造业则缺乏远见和一致的认识。结果，汉密尔顿精心制订的这份报告受到议员的冷遇，被长期束之高阁。（张少华，1994）

1800 年以杰斐逊为首的共和党在总统大选中获胜，这次选举胜利甚至被称为“1800 年革命”。其意义在于，共和党人的获胜使得农业立国思想开始在美国经济发展中占据上风。杰斐逊奉行的是经济放任的政策。而联邦党时期经济发展表明，这种政策恰恰不利于本国制造业的发展，因为此时美国制造业发展迟缓并不是由于政府干预过多，企业缺少自由，而是由于政府对制造业支持和保护不够。由于缺少资金、技术，市场狭小，面临外国制造业的强有力竞争，关税率又不足以提供有力保护，新兴制造业举步维艰，较大规模的工场纷纷倒闭，只有小型纺织工场和家庭手工业在艰难地发展。共和党执政后，马萨诸塞、新泽西、特拉华等州的制造业主、技工纷纷向国会递交请愿书，要求政府采取保护国内制造业的政策。纽约的制造业主在请愿书中指出，只有兴办国内制造业才能保持国家独立，否则“只要美国仍为只有农民和商人的国家，我们就必然从属于欧洲人”（约翰·纳尔逊，1987：37）。遗憾的是这些要求未能引起国会和总统的重视，杰斐逊在任总统后所采取的政策仍然偏重于农业。

直到 1805 年，杰斐逊在连任总统后发表的就职演说中才提出，在偿还完国债之后，通过修改相应的宪法条文，各州政府可在“和平时期拨款资助用于运河、道路、手工业、制造业和其他重要事项”。(Franklin，2009：519)这表明他开始改变以往所认为的除非紧急情况政府不应干预和支持经济事务的观点。杰斐逊思想和政策的重大转变起因于 1807 年《禁运法案》和 1812 年美英战争。这两个重大的历史事件虽然沉重地打击了美国当时的外向型经济——这种外向型经济是长期以来殖民贸易的后果，但从禁运到 1814 年底美英战争结束时为止，战争所造成的历时七八年的闭关锁国却促进了美国民族工业的诞生。正如李斯特所指出的，“晚近的保护制度是由战争所促成的，这导致了杰斐逊不得不顺应时代的要求，最后转而支持美国工业的发展”。(弗里德里希·李斯特，1961：259)

“禁运”迫使杰斐逊放弃了自由贸易政策，转而采取贸易保护政策，更重要的是还使他认识到了单一发展农业经济的弱点，以及兴办国内制造业对国家主权和民族独立的重要性。杰斐逊原以为，由于英国需要从美国输入粮食和原料，禁运必将给英国以沉重打击，迫使其放弃对美国的敌视政策。然而出乎意料的是，禁运给美国经济造成的损失远甚于英国——禁运期间，美国对外贸易、航海业和渔业都受到严重影响，农产品价格急剧下跌，南部种植园主和西部小农更是蒙受了重大损失，国内制造业供应严重困难，政府财政急剧恶化。因此，共和党政府遭到了来自各方面的反对。在各方面的压力下，杰斐逊不得不取消了《禁运法案》。

禁运暴露了杰斐逊所制定的经济政策是不切实际的。1808年11月,杰斐逊在离任前的最后一篇年度咨文中指出:“为非正义的好战国造成的我国对外贸易的停顿,以及由此造成的我国公民的损失和牺牲成为人们所关注的主要问题。我们被迫面临的这一形势,迫使我们把一部分力量和资金用于国内制造业和交通的改进。”(Franklin,2009：617)

1807年的禁运也使许多共和党人认识到了制造业的重要性。例如,麦迪逊在禁运期间就曾指出,美国必须建立成熟的制造业,否则必将陷入困境,而“对英国制造业关闭我们的市场将会刺激国内制造业,并使我们建立永久替代物”(Franklin,2009：548)。基于这种认识,麦迪逊继任总统后在致国会咨文中提出,“由于英国对美国贸易的破坏日益加剧,我们必须扩展实用制造业,把专门的和家庭制造业结合起来具有十分重要的意义”(Nelson,1987：158)。当时的财政部长艾伯特·加勒廷(Albert Gallatin)在鼓励制造业问题上比其他共和党人更加积极,1810年4月,他向国会提出了一个详尽的鼓励制造业的报告。这个报告与汉密尔顿的报告有异曲同工之妙,在论点和政策上都有很多相同之处。然而,报告同样未被国会立即采纳。

1812年战争使共和党的政策进一步发生转变。战争对美国经济产生了与禁运相同的影响。在贸易和航海业衰落的同时,美国制造业却取得了长足发展,生产规模不断扩大。1812年普罗维登斯纺织工场使用纱锭的总数为60 000多个,1815年便迅速增至50多万个。此外,一些商人和工场主还致力于改进技术。1810年弗兰西斯·洛厄尔到英国学习纺织技术,回国后制成动力织机。1812 年对英战争中，弗兰西斯·洛厄尔在一些商人的资助下成立了波士顿制造业公司，资本额为 40 多万美元，并在马萨诸塞的沃尔瑟姆成功地开办了新式纺织工厂。他还创立了实行成本核算和分车间管理的"洛厄尔制"，形成了有美国特点的工厂制度。(张少华，1994：139－140)

美国发展国内制造业的意义不亚于 1812 年二次战争对民族独立的捍卫，它标志着美国对英国商业霸权的真正挑战。因此，这也引起了英国政府和工商业资产阶级的不安。二次战争后，英国人不惜以低于成本的价格向北美倾销商品，试图以此摧毁美国新兴的制造业。面对英国的商品倾销，新兴制造业迫切需要政府的保护。与此同时，战争期间美国国内交通和金融体制上存在的问题也暴露无遗。以亨利·克莱、约翰·卡尔洪为首的共和党人极力敦促政府改变政策。他们的新政策被克莱概括为"美国体制"(American System)。其主要内容包括：保护关税，重建联邦银行，增加税收以扩充财政，改进国内交通，促进各州间的联系，建立统一市场，建立和扩充陆军和海军等。这些政策俨然是汉密尔顿政策的再现，与汉密尔顿当面所倡导的"工商立国"政策实质上并无多大区别。

1812 年战争也使得杰斐逊、麦迪逊等老共和党人的思想进一步转变。1813 年 1 月，杰斐逊在给约翰·梅利什的信中谈到，对英战争使他感到必须兴办大规模的制造业，这样在和平到来之际，"我们将不再从英国获得一先令却为之支付一英镑的货物。他们的制造商将陷入困境，被迫到此地谋生"(张少华，1994：141)。在二次战争期间担任总统的麦迪逊对经济上的困境和弊端感触更加深刻，因而在二次战争后对共和党的政策做出了全面调整，提出了实行保护关税，重建联邦银行，支持国内制造业，扩充海军，加强国防等措施，这些措施都被国会所接受。这些重大政策的转变标志着共和党与联邦党在治国理念上的合流，同时为美国工业化背景下的城市化发展提供了重要的动力与支持。

三、西进运动：交通革命与国家内部市场形成

迄今为止的研究大部分认为，美国历史上的西进是一项自发推动的社会性运动，其主要推动力来自市场和社会。然而，这种观点似乎忽视了西进运动背后的政府战略拉动因素。因为建国初期美国东部地区的经济和社会发展特点决定了美国政府必须酝酿向西部开发，我们没有理由将美国政府的战略因素排除在外。实际上，恰恰是美国历届政府不遗余力地向西部扩张领土，通过政府间外交、谈判、购买以及战争和兼并，才获取了西部地区广阔的领域，将美国领土从密西西比河以东一直扩展到太平洋沿岸，从而为西进运动提供了广阔的天地，为美国东北部城市和工业制度扩张和变迁提供了完整、稳定的空间区域。(丁力，2007：41)

其实早在建国初期，美国政府就开始了制定西进运动战略。刚独立的美国迫切需要制定土地政策，因为邦联政府面临着大量有待解决的国内外重大问题——对内需要稳定政治局面和经济形势，对外则要捍卫刚赢得的独立，巩固美国的国际地位。面对国内问题，美国政府一筹莫展，其主要原因是邦联政

府没有固定的收入。因此，对于美国政府而言，西部的土地可以成为政府收益的源泉，尽快出售西部土地可以解除政府财政拮据的燃眉之急。另外，美国政府制定西进运动战略的原因还在于：第一，国会在独立战争期间曾经许诺赠予为美国独立而战斗的官兵以土地作为报酬，当时殖民地一方没有掌握任何土地，现在国会掌握了西部大片土地，应该兑现其诺言了。第二，肯塔基和田纳西的移民同东部各州的关系十分松散，同西班牙和英国的商务关系却非常密切，任其发展有可能危及这两个地区同东部各独立州的关系。因此，只有尽快向西部土地上有秩序地移民，才可以防止英国、西班牙及其他国家对这些土地的觊觎。第三，美国政府面临着移民向西拓殖的压力，国会必须尽快确定在西北部国有土地上建立地方政府的形式，以确保美国政府对西部的有效控制。因此迅速启动西进运动，对刚刚独立的美国的内外政治稳定都具有重大的意义。

一直以来，学术界对建国初期美国政府在经济社会中的重要作用重视不足，直到近年来随着对大国崛起问题的探讨，一些研究才开始重视这一问题。2010 年，郝德森以中英文同步出版了其相关研究的力作《保护主义：美国经济崛起的秘诀(1815—1914)》一书，向世人揭示了美国民族主义政治家及经济理论家在构建美国独立自主的工业化道路方面所发挥的重要作用，揭示了保护主义这一美国经济崛起的秘诀。(贾根良，2011)

发动西进运动，本质上是美国政府在保护主义意识形态下，建构国内统一民族市场的需要。前文已经论述了建国初期美国经济的显著对外依附性。而工商立国的战略选择，要求发展民族制造业。但是,刚刚独立时期的美国,工业和制造业不仅资本不足,技术也十分落后,加上英国等老牌国家对美国的技术保密,美国民族工业力量十分弱小。通过关税保护幼年时期的民族工业是一个重要的举措,然而,自殖民地时期以来,美国南部地区的农产品贸易占据了美国对外贸易的绝大部分比例(见表1.2)。因此,征收或提高关税的措施从一开始就遇到了南部地区的反对,这种反对一直没有停止过,关税问题甚至最终成为美国南北战争的直接导火索。

表1.2　殖民地时期美国南北地区的进出口状况(按英镑计算)①

输出地区	输入地区				
	大不列颠	南欧诸国	西印度群岛	非洲	合计
北部殖民地	284 269	335 810	555 612	19 584	1 195 275
南部殖民地	1 247 245	216 923	192 292	690	1 657 150
总计	1 531 514	552 733	477 904	20 274	2 852 425
输入地区	输出地区				
	大不列颠	南欧诸国	西印度群岛	非洲	合计
北部殖民地	504 614	54 909	594 421	877	1 154 821
南部殖民地	1 100 367	21 770	195 326	151 120	1 468 583
总计	1 604 981	76 679	789 747	151 997	2 623 404

在北部资本主义工商业还比较脆弱的情况下,开拓国内统一市场是一个重要而艰难的创举。美国政府在疆域西扩后发动西进运动,主要目的就是为东北部民族工业的发展开拓广阔的国内市场并寻找原料产地。在共和党总统杰斐逊、麦迪逊、门

① 福克纳:《美国经济史(上卷)》,王锟译,商务印书馆,1964年,第108页。

罗和亚当斯执政期间，西进运动表现出强烈的民族意识的增长和国家政治的干预。比如，在推动西进运动的问题上，美国各界其实存在着较多担忧。因为成千上万的男女青年不断向西迁移，对西部和沿海各州的经济和社会环境无疑将产生深远影响。最初的向西迁移基本上还只是一种资本主义生产体系的扩张，但在交通运输条件改进以后，西进会使得西部广袤土壤的产品与东部的产品处于高度竞争的状态。再加上东部沿海各州土地的日渐耗竭，东部农业土地的价值下降，东部的农业地位有削弱的趋势，东部的农场主虽然会高兴地看到他们的子孙在西部找到新的机会，但是，这种影响对于他们自己的地位是非常不利的。东部的制造商们都认为，劳动力的向西迁移会使东部的工价保持较高的水平，会阻碍东部工业的发展。因此，东部对西进普遍地存在着一种畏惧心理，认为具有激进的民主思想和强烈民族主义情绪的边疆人民不仅会把全国的均势推翻，而且会破坏美国建国者们的成就。面对这种情况，在联邦政府的组织和引导下，政治家们、研究者以及一些思想领导者们进行了广泛宣传，以期逐步削弱这种恐惧。这些人认为西部开发可以成为清除政治和社会不满的一个“安全阀”。“每当东部的社会情况变得严重的时候，每当资本家压迫工人或施用政治压力使群众的自由受到威胁的时候，西部都是逃往边疆自由环境的一道大门。”(拉铁摩尔等，1965)

因此，在一定程度上，1812 年战争实质上是美国政府为推动西部开发而刻意制造的战争。当时美国新的国家战略要求推动了西进运动中联邦政府“国有公路”的建设。同时，西部的崛起，对于美国民族统一市场的建立，产生了重大影响，实质上

1816、1824 和 1828 年的三个重要的关税法案正是在肯塔基和西北部人们的支持下才获得通过的。当然,这一结果也离不开保护主义者亨利·克莱理论的影响——克莱的"美国制度"实质上就是"想把制造业的东部变成农业西部的当然的市场"以代替当时的海外市场。(福克纳,1964: 258－259)

在西进运动过程中,联邦政府主导下的多个交通创新工程在美国西部地区开创了美国历史上的"交通革命"。从修筑税道,到运河建设,再到铁路修筑,这些措施从根本上改善了美国东西部地区之间的交通运输条件。交通条件的改善又大力推动了西部地区的产业升级。19 世纪 50 年代伴随着一系列水路交通工程和铁路工程的兴起,五大湖地区的丰富矿产资源得以充分开发,并被运输到东部的广大市场进行销售。这直接促进了美国五大湖地区在短时间内实现工业化。它不仅对于美国密西西比河以东地区城市的发展和整个美国的工业化的扩展具有举足轻重的意义,更是加快了西部社会经济活动的速度和效率,促进了西部地区产品与东部地区产品的市场交换,而且很大程度上促成了美国国内统一市场的形成和美国城市化的推进。

第一,运输时间和运输费用大幅降低。这推动道路、航运和铁路建设的制度安排,使美国西部地区农业发展速度大幅度上升,促进了西部农业商品化的趋势。(张友伦,1992: 268)

第二,加快了西部拓荒业由自给自足经济向商品经济转化。以俄亥俄地区为例,它是西部各州中最早形成交通运输网的地区,实现了美国东部与中西部区域市场间的更紧密联系,其结果就是:"到 1820 年,阿尔巴尼、哈特福德、哈利斯堡和匹兹堡已成为繁忙的商业中心；到 1830 年，辛辛那提、路易斯维尔和圣路易已成为重要的港口；到 1840 年，罗彻斯特、布法罗、克利夫兰正从大湖的粮食、皮革、铁矿、锡矿和木材贸易中致富。”(C. Cochran、William Miller，1961：6)

第三，促进了美国国内贸易发展。典型事例就是美国“伊利运河”所产生的巨大效应。1825 年 10 月 26 日，伊利运河正式开放。这条运河全长 363 英里，贯穿哈德逊河和伊利湖，向东可以经哈德逊通往美国东部第一大港纽约以及整个东北地区，向西可以经五大湖及俄亥俄河与整个中西部发生联系，是当时西部与东北部之间的主要交通和贸易渠道。经由此运河，美国国内形成了一个完整的“三角贸易”体系。伊利运河开通后，美国国内市场格局发生了根本性的变化。据艾伯特·费什洛估计，国产货的区际贸易在 1839 年就超过了对外出口量，在此后的 20 年中这种差额进一步扩大：美国国产货的对外出口额由 10 200 万美元增加到 31 600 万美元；而同时在区际贸易中交换的美国产品从 10 900 万美元增加到 41 600 万美元。美国区域间经济关系得到了全面加强。

第四，更为重要的影响则是推进了美国西部地区的城镇化进程。美国各级政府在西部开发期间所开创的土地和交通战略设计极大地推进了西部地区的城镇化进程，铁路镇、投机镇等一系列新型城镇如雨后春笋般崛起。中西部地区最初的城市一般都为河流边的货物集散地，如位于东部和西部相连接的俄亥俄河起航处的匹茨堡、俄亥俄河上的辛辛那提和路易斯维尔、密西西比河的圣路易等。19 世纪后半期，随着经济结构的剧烈变革和西部的迅速开发，美国西部城市进入了发展的鼎盛时期，在全国都市化过程中后来居上，脱颖而出。最典型的是铁路城镇的大量出现，这类城镇兴起于19世纪60年代，七八十年代在密西西比河以西获得迅速发展。因为此间铁路的扩张在大平原及远西部获得了前所未有的进展。在西部城市发展的历史进程中，铁路起了最直接而重要的作用。当时一位观察家描述道："你也许会站在一片荒无人烟的长着只及踝骨高的低草草地中，下个月就有一列混合列车悄悄驶过这片荒野，停在铁路公司决定修建城镇的某个地点。男人、女人和儿童跳出车厢，他们的什物也随之翻滚下来。城镇建设就此开始了。"（雷·艾伦·比林顿，1991：389）这段描述生动地反映了铁路对城镇兴起的催化作用。

第五，美国联邦政府和地方政府的制度设计为西部地区的交通工程集聚了大量资本的同时，也深刻地影响了西部经济和社会的发展形态。金融资本对于西部土地关系的影响日益加深。铁路公司从联邦政府手中获得了大量的土地，因此，在西进运动中，金融资本对西部地区经济、社会的发展形态产生了很大影响。当时每条西部铁路都设置了土地部（还同时设立了移民局），委以出售政府赠与铁路的备用地段。土地部成为运作土地销售的主要部门。这在一定程度上刺激了土地投机和销售的热潮。同时，结合19世纪末美国国内经济情况和农业技术发展，铁路公司所出售的大块土地，成为西部地区巨型农场出现的基础。

四、南北战争：国内统一市场进一步发展

美国建国后，由于南北两种经济体制的不同，南部各州与中央政府之间曾有过旷日持久的纷争。不管是在关税水平的制定和维护上，还是在对于中央政府权威的效忠上，南北之间的竞争几乎自建国以来就一直存在。

1828 年与 1832 年，国会通过了提高对欧洲工业产品征收关税以保护北方各州工业的法案。这项关税政策将对倚重向欧洲大量外销农产的南卡罗莱纳州及其他南方各州造成经济上的巨大冲击，美国南方各农业州担心欧洲各国会报复美国而提高对美国农产品的关税，因此该关税法案被讥为"嫌恶关税"。对此，南卡罗莱纳州议会召开州代表大会，通过了联邦法令废止权条例，宣布 1828 及 1832 年的联邦关税法在该州内无效。州议会还通过相关法令以贯彻该项条例，包括授权组织军队与购置武器。为回应南卡罗莱纳州的威胁，国会通过了"军力动员法"。安德鲁·杰克逊总统于 1832 年 11 月派遣七艘小型海军船只与一艘武力军舰前往查理斯顿。

南北战争前夕，美国是由四个截然不同的区域组成的国家：东北部即新英格兰地区，在该地区，成长中的工商业带来了人口密度迅速增长；西北部则通过西进运动聚集了大批自由农民，拜西北条例之赐，没有建立起奴隶制度；东南方是垦殖农场，但部分区域经济正在衰退；而此时的西南方地区，棉花经济如雨后春笋般蓬勃发展，但这种种植园主经济需要大批的黑人

奴隶。

本来，美国宪法为各区域的和平相处奠定了基础，并且能够平衡这个新的国家关系中的利益冲突和矛盾。在数年间，自由州和奴隶州的数目在妥协中逐渐令参议院得以平衡。1845年最后一个奴隶州得克萨斯得到承认。五个自由州在1846年到1859年间得以认可，原先是奴隶州的堪萨斯在先前被拒绝，后来也在1861年以自由州加入。然而，随着北方工业革命和工业化浪潮的大规模开展，旧的两党格局解除，日益激烈和敌对的思想意识形态导致以往为了避免危机而订立的君子协定(例如密苏里妥协与1850年妥协)越来越失去效力。此外，南方各州使用奴隶让北方各州成为新移民优先选择的目的地，以致北部在国会和总统选举优势按照人口规模日益强大。

然而，1850年党争在本质和强度上都发生了急剧转变。美国共和党在1854年成立，这个新生的政党与林肯都反对自由贸易，以便保护美国北方新兴的工业。为了赢得北方大多数对奴隶解放持反对态度选民的支持，共和党最初对奴隶制态度含糊。这时一本震撼世界的巨著——《汤姆叔叔的小屋》在美国出版了。该书刚出版即被迫加版再印，阅者边读边拭泪，旁听者也无不为之心酸。这本书让北方的人民知道了南部种植园奴隶们的辛酸血泪。此后，废奴呼声日益高涨。

1860年赞成废奴运动的共和党人林肯当选总统，引发了南方各州的叛离。此时的北方，已有23个州，占全国国土面积的3/4，且集中了全国工业生产总值的86%，铁路线的70%，银行资本的80%，以及97%的军火生产——1862年斯普林菲尔德兵工厂已能年产20万支步枪。相比之下，南方参与叛乱的只有

11个州，900万人口(其中400万是黑人)，因此在各方面都远逊于北方。尽管南部地区得到了英法等国的支持，但是在林肯“解放黑人奴隶”的口号下，黑人纷纷倒戈起义，南方分裂势力最终以失败告终。

南北战争实质上是美国工业资产阶级借用战争手段以达到其统一国家，独占政治统治，发展资本主义经济目的而发动的美国历史上的第二次资产阶级革命。北方资产阶级通过战争，彻底解决了一个国家两种经济制度的矛盾，扫除了阻碍资本主义发展的种植园经济，使新兴生产方式的自由劳动体制战胜了落后的奴隶劳动制，工商业资产阶级获得了全部政权，避免了国家的分裂，最终促成了美国经济和政治的真正统一。

南北战争以后，美国迎来了经济史上的“黄金时代”，在之后短短的三十几年间，美国经济获得了长足发展，迅速超过了西方其他先进国家，在资本主义世界独占鳌头。可以说，南北战争，从以下几个方面，对美国国家建设及城市化产生了深远影响：

首先，它推动了美国农业产业的资本主义发展，使美国东北部市场经济模式扩散到全国范围。1861—1865年间，美国的经济结构发生了一种异乎寻常的变化，这种变化重点反映在农业机械化上，甚至影响到了工业、交通运输和商业贸易等全方位领域。由于战争带来农业劳动力短缺，加之战争的旷日持久需要充足的粮食，这就促使林肯政府必须采取措施大力发展农业生产。在此情形下，美国农业迈出了机械化的第一步，机械化农具得到大力推广。到内战结束时，全美国的收割机、播种机、割草机等达几十万台之多。机械化农具的改良与推广、农业新技术新品种的采用，使农业经济获得了较大发展。农业耕地面积不断增加，仅西部土地开垦面积就达到了 50 万英亩；粮食产量不断提高，小麦增产 1 倍以上，印第安纳、威斯康星、伊利诺伊、依阿华等州均创下历史最高纪录。1861—1862 年间，美国小麦和面粉仅出口英国一国就比内战前的规模增长了 3 倍。棉花产量在 19 世纪 60 年代初达 23 亿磅，其中 3/4 出口。以羊毛生产为中心的畜牧业也发展起来，农场饲养绵羊的头数在内战中增长 1 倍；羊毛产量从战前的 0.4 亿磅增到 1.4 亿磅，加利福尼亚、宾夕法尼亚、伊利诺伊等州均成立了羊毛生产的重要基地。(白涛，1997：92)此外，1862 年颁布的《宅地法》对美国农业发展更具有决定性意义，它一方面解放了生产力，吸引了大量的贫民和移民进入西部，使西部开发日新月异；另一方面用“民主”的方式解决了美国的土地问题，使美国逐渐形成了在农业中发展资本主义的一套“美国式道路”，从而推动农业经济迅速走上资本主义发展轨道。

其次，它促进了美国工业革命的深入开展。西部的开发、农牧业的发展，为工业的发展提供了可靠的原材料和粮食，庞大的军事订货又极大地刺激了各种工业。战争期间，政府顺应客观经济规律，对工业的发展采取了有效的措施。因此，美国工业经济急剧增长。新高炉、纺织厂、机械厂如雨后春笋般建立起来。例如内战期间，费城新建了 180 多个工厂，克利夫克新建了 20 多个铸造冶炼厂。全国工厂数从 1859 年的 14 万个增至 1869 年的 25 万个。有记录声称当时“落基山脉、太平洋沿岸的铸造厂和机器厂比比皆是”，工业产量不断提高。此外，棉纺织品产量增长 1.5 倍，锌矿产量增长 1.6 倍，生铁产量增长 1.8

倍，采煤量增长 5.6 倍。1862 年铜矿开采量达百万吨以上，制造业总产值达 18 亿美元，“新建的铁路、新打的油井数不清”。（黄安年，1992：353－381）

再次，资本主义工农业的发展，进一步刺激了商业贸易的发展。1860 年后，美国贸易出口额达到 3 亿多美元，占当时世界贸易总额的 9%。随着西部新贸易区的开发和全国铁路的修筑，美国的“国内市场扩大了”，区际贸易也得到进一步加强，如图 1.1 所示，内战后，美国基本上形成了国内统一市场。

最后，内战为美国城市经济的高度发展提供了经济制度和政治制度上的保证。南北战争是两种社会制度，即奴隶制度与自由劳动制度之间的斗争。这个斗争之所以爆发，是“因为这两

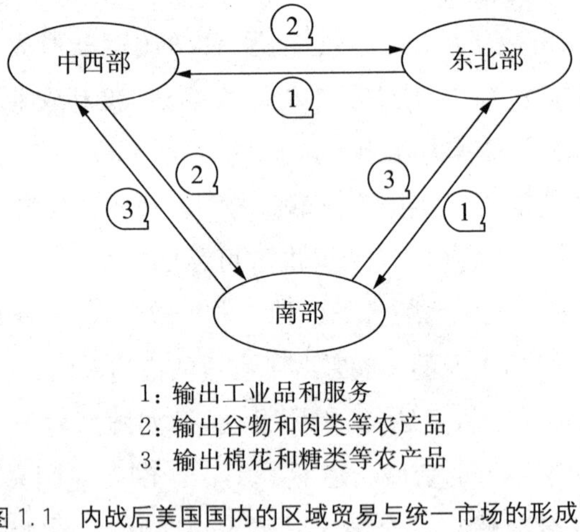

图 1.1　内战后美国国内的区域贸易与统一市场的形成①

① Willis, James and Primack, Martin, *An Economic History of the United States*, Englewood Cliffs, NJ: Prentice Hall, 1990: p. 163.

种制度再也不能在北美大陆上一起和平相处”，马克思此语道出了美国内战的实质和根由。恩格斯也曾指出，“它的结局无疑地将决定整个美国今后几百年的命运”；列宁也明确指出，“南北战争具有极伟大的、世界性的、进步的和革命的意义”。（白涛，1997：93）

第二章　福利国家建设下的郊区化

在20世纪30年代以来的近半个世纪的时间里，美国国家建设开始朝向建成一个现代福利国家，为美国公民尽可能提供从摇篮到坟墓全方位的福利保障。在这种国家建设背景下，国家对城市发展和建设事业的战略指导方针开始悄然转变——需要遏制市场的过度扩张以保护社会。

罗斯福新政，是国家组织社会对市场的过度侵蚀进行"反抗"的结果。新政对形塑后来的美国产生了两方面的深远影响：一是社会保障体系的建立，这一举措使得福利国家的观念深入人心；二是为了挽救濒于崩溃的经济，新政施展了发展房地产业以拯救银行的策略，这个策略对美国城市化的转向——郊区化的迅速发展，产生了关键作用。自罗斯福新政以后，历届美国总统的施政纲领中，都会谈及城市住房政策、社会保障政策。1953年的州际高速公路计划的出台，加上汽车产业的发展和税收信贷政策的倾斜，这一系列措施加剧了美国的郊区化进程。与此相伴随的是产业转移，就业郊区化，美国中心城区的不断衰败和凋零。而城市空心化的结果则是城市失业率、犯罪率上升，种族隔离十分严重，由此引发了大规模的城市社会运动和动乱。因此,旧城改造,城市更新,民权运动,就业培训,扶贫开发等成为美国 20 世纪 60 年代政府城市发展战略中的主要内容。在此过程中,中央政府对以城市为代表的地方建设进行了大规模的财政支出。然而,单纯依靠政府援助的方式解决上述社会问题的成效甚微。20 世纪 70 年代随着石油危机的爆发,美国经济陷入滞胀阶段。国家财政陷入危机,无力担负起规模庞大的社会保障支出,福利国家模式陷入了危机,城市发展的政策方针再度面临转向。

一、社会转型:市场主导城市化的结果及其弊端

19 世纪末到 20 世纪初的美国社会,被历史学家称为“大转折的年代”。在这一时期里,美国社会生活的各方面都发生了巨大的变革。“美国人生活中的中心事件是国家从一个巨大的、农业的、乡村的、孤立的、地方的和传统的社会转变为一个工业的、城市的、一体的、全国的和现代的社会。”(Calhom,1996: 34)在这种剧烈的变迁中,现代美国涅槃而生。

城市化是一个变传统落后的乡村社会为现代先进的城市社会的社会历史过程。在 19 世纪下半期,美国的城市因工业化、经济的大发展而获得巨大动力。城市的职能和角色发生转变,并进而推动美国社会的转变,使得美国在人口规模与构成、地域景观、产业结构、价值观念、社会结构、经济特征等方面都发生了深刻的变革。

城市的凝聚力所带来的一个重要变化是人口规模和结构

的变化。1790 年美国第一次人口普查时，城市人口占全国总人口的 8.1%，到 1840 年达到 10.8%，1870 年达到 25.7%。根据城市化发展的阶段性规律，美国城市化的发展由此进入加速发展阶段。从 1870 年的 25.7%到 1920 年的 51.2%，美国实际上只用了 50 年的时间就基本实现了城市化。与此同时，农业劳动力的人数也在增加，从 1870 年 644 万人上升到 1910 年的 1 239 万人，增加了 92%。虽然农业劳动力的绝对数量在增加，但他们在社会总劳动力中所占的比例却在迅速下降，1870 年占 51.5%，到 1890 年下降为 40.6%，1920 年仅占 25.6%。（王娟，2001）

伴随着人口结构的变动，美国的产业结构也发生了重要变化。1880 年，农业仍是美国国民收入的主要来源，到 1890 年，工业就上升为美国的主导产业。到 1900 年时，美国工业产值已超过农业产值的 3 倍，国家的经济重心由乡村转移到城市。产业结构的变革，使人口向城市的集中达到了前所未有的高度。1860 年到 1910 年，美国 10 万人以上的城市由 9 座增加为 60 座，1 万至 2.5 万人的城市从 58 个猛增至 369 个。（王章辉等，1996：58）城市的快速增长，不仅表现在人口数量上，同时也表现为城市面积的不断扩大。1880—1900 年间，芝加哥面积扩大了 2 倍多；布法罗、底特律和密尔沃基的面积扩大了 1 倍多；圣保罗、明尼阿波利斯和丹佛的面积扩大了 3 倍多。因此，19 世纪末不仅是城市的时代，还是大城市开始形成的时代。这一时期，也出现了很多新城市，19 世纪 70 年代，新产生的城市有 276 个，到 19 世纪 80 年代，就出现 409 个，到 90 年代，又增加 389 个，20 世纪头 10 年中又增加了 522 个。（Lampard，1980：1030）

城市除了在人口、规模上发生巨变外，城市的内部结构也发生变化。美国城市19世纪早期的那种紧凑的布局——居住区与商店、工厂、货栈混杂在一起的格局被打破了。交通的发展，交通工具不断改进，使得人口和企业可以脱离步行城市所划定的范围，由此促使许多城市由原来的中心地区逐渐向外延伸，步行的距离再也不能决定城市的规模。同时，经济的发展和经济结构的变化使城市的经济聚集效益日益增强，不断吸引人口和各种资源向城市聚集。然而，城市人口的过度增长，也造成住房拥挤、环境恶化等不利影响。中上层阶级开始逐渐从市中心区向环境和空气良好的郊区迁移，他们利用便利的交通工具往返于居住地和工作场所。贫困的工人阶级和移民则居住在靠近工厂的区域。不同种族和民族的人分别住在不同的地段，如此一来，城市就被划分成为各种独特的地区：工人阶级居住区、黑人贫民窟、经济繁忙区、郊区。在城市里，为了充分利用有限空间，高层建筑开始出现，许多城市修起了摩天大楼。同时，为解决居住问题，很多大城市建起了经济公寓。但这使得拥挤更加严重，由于其恶劣的生活环境，经济公寓成了19世纪后期社会改革者关注的主要问题之一。

城市的发展带来了经济繁荣，城市开始在国家经济生活中占据主要地位，成为国家经济的中心。城市的触角向广大乡村地区的延伸，也使得美国的乡村社会结构发生了变化：一方面，工业化的发展带来的现代化的农业机器、铁路和储存设备，使得农业和农村在内战后获得了一段发展的繁荣时期。由于交通条件的改善，农产品得以在国家的各个角落开辟市场，甚至连欧洲人也需要美国的小麦和棉花；但另一方面，由于铁路和银行的盘剥、农产品的过低价格以及干旱等原因，农村地区环境日益恶化，农业生产中的机械化也使得农村产生剩余劳动力，由此形成了由农村向城市移民的“推力”。特别是19世纪90年代世界范围内的萧条，给农民带来了沉重的打击，许多农民开始打点行囊，奔向东部的城市寻求工作机会。城市的吸引力，特别是获得报酬较高的工作机会较大，形成了“拉力”，吸引人口向城市集中。

19世纪后半期，美国在改变，美国人对农民的态度也在发生改变。在杰斐逊时代，农民曾经被视为民族的英雄，农业是所有职业中最高尚的。当时大多数美国人认为，生活在农场可以让一个人变得诚实、努力工作和独立。而20世纪初的美国人则认为城市生活更有价值，他们开始拿农民和他们的困难生活与狭小见识开玩笑，称农民为“乡巴佬”。居住在农场的年轻一代感触尤深，于是他们开始向往城市所呈现出来的让人兴奋的各种面貌，并不断离开家乡进入城市。这使他们的父母十分愤怒。父母们认为即便在学校孩子们也被教育要崇拜城市：“一个读了书的孩子开始认为只有城市里，大脑的智力才可以被运用。我们最聪明的孩子想要成为律师、医生或工程师，如果不能上大学，他们无论如何也会离开农场去做他们自己的生意。”(Patrick,1987：497)现在人们谈论到农场，人们谈到的是农场生活的寂寞、贫穷和永无休止的疲惫的劳动。

人口向工业城市的不断聚集，使得城市环境问题日趋严峻，公共设施和服务更是恶化。19世纪末20世纪初，美国既往的工业城市化发展道路的弊端逐渐显现，经济社会问题日益严重，危机逐渐显露。

追溯美国工业城市化的历史进程，我们不难发现，在发展经济时，联邦政府一直奉行自由放任的原则，联邦政府除了不断地制定扶持私人企业发展的政策之外，很少干预经济活动。这使得企业家们相信自身的成功完全是依靠个人的力量而获得的，与政府的管理没有任何关系。公司体制的发展，造就了一大批企业巨头、家族财团和金融寡头。美国大多数的工商业资本家、农场主，甚至公众都普遍认为个人所积累的财富和拥有财产，国家不能限制和干涉，政府只能充当守夜人，保护私有财产不受侵犯。因此，这一时期的工商业领域被大资本家主宰，他们凭借手中握有的资本，随自己的意愿开办企业，进行生产、经营、管理和销售活动，而无须顾忌政府或国家的干预。在这种自由放任经济政策的推动下，美国工业化和城市化基本实现。

随着工业化和城市化的实现，美国开始从自由资本主义走向了集中和垄断。到19世纪末20世纪初，一些巨型企业和托拉斯组织已经在重要的工业部门中占据了垄断地位。据统计，1895年，美国制糖公司控制了全国95%的砂糖生产；1900年，美国烟草公司控制了除雪茄以外其他烟草产品的50%—90%；1906年，美孚石油公司控制了全国91%的石油精炼企业，摩根财团则左右了几乎整个美国的金融市场。（格林沃德，1981：285）伴随着垄断的发展和资本财富的集中，垄断组织开始控制国民经济的命脉。1900年，资本在千万以上的大企业中，有73%实行了联合，1904年美国最大的305个公司合计资本约70亿美元，到1921年，集中到大公司的财产为477亿美元。（陈宝森，1988：684）1919—1927年间，有3 000多家公共事业公司被兼并，到了1929年，1%的银行控制了全国银行财力的46%。

同时，连锁商店、广告商、肉类加工和烟草等行业都在加速集中，四家肉类公司控制本行业生产的70%，四家烟草公司控制了全国香烟生产的94%。大公司财产集中也日益迅速，1907年的一次调查表明，摩根与洛克菲勒这两个集团控制了全国112个公司的341个董事职位，其总财力高达222.45亿美元，超过了密西西比河以西所有州的固定资产总和。据记载，芝加哥的大企业家塞缪尔·因萨尔，同时担任85个公司的董事长，65个主席，11个公司总裁，管理着150个公司和5万名雇员，拥有300多万名固定顾客。另有统计表明，1932年，全国65%的工业被600个公司所控制，1%的人拥有全国59%的财富。(Manchester,1976：218)

工业社会尽管创造了比农业社会高得多的社会财富，显示了城市文明的强大活力，但是也存在着严重的弊端与不稳定因素。财富的增长并没给社会带来和谐与平等，财富分配严重不公，导致了一系列的社会问题。社会达尔文主义成为该时代所奉行的信条，在这种理论的指导下，财富成了成功的标志，在富翁们看来，穷人、破产者和广大劳工是懒惰者和失败者，不值得怜悯与救济。甚至连联邦政府也认为个人财富的积累足以为整个国家带来繁荣与富足，政府制定政策公开扶植铁路公司与工业企业，听任他们放手兼并企业和聚集私人财富。美国最高法院就曾经认为，对百万富翁和亿万富翁征收个人所得税是非法的，干预工厂劳动环境与工人的工资收入也是非法的，当劳工为改善劳动条件与提高工资而举行罢工时，政府便派出军警进行武装干涉以恢复秩序。(Ellis,1976：262－281)

在自由放任的政策理念和社会达尔文主义思潮的影响下，

美国社会并没有因为积累了巨大财富而趋于平等和共同富裕，相反，贫富之间的差距在急剧扩大。据估计，在1910年，有70个美国人拥有3 500万美元以上的财富，占全国总财富的1/16，36 000个最富的家庭收入占美国家庭总收入的42%，等于1 200万家庭的收入总和。在整个社会中，广大的劳动阶层却非常贫困，据统计，在1928年，某些地区男工的周工资为18美元，女工为9美元，工时却长达70小时。在纺织厂、果园、甜菜田干活的15岁以下的童工达200万。到1929年，71%的美国家庭的收入低于2 500美元，即处在维持温饱的生活最低标准之下。（陈宝森，1988：638）

财富与收入差距的扩大必然导致生活差别的扩大，富翁们过着豪华奢侈的生活，如船舶和铁路大王范德比尔特，他从1895年开始，花了2年时间在罗德岛新港修建类似凡尔赛宫的豪华别墅，从世界各地运来各种优质材料，建成的别墅拥有76间厅堂与卧室，需要40个仆人来维持这幢房子的日常管理。与之形成鲜明对比的是很多家庭难以维持温饱，住在城市的贫民窟当中，饥寒交迫。贫富分化、财富分配的不公平和巨大的生活水平差异导致严重的社会问题，对社会稳定形成极大的威胁。

此外，工业的高速发展必然加大对环境和资源的开发和利用，从而导致对生态环境的巨大破坏和自然资源浪费，城市发展的同时也带来了各种社会问题。在美国经济发展初期，丰富的自然资源为其工业发展提供了良好的物质基础，但资本家掠夺式的开采使得土地和自然资源遭到严重破坏。以石油工业为例，1859年，宾夕法尼亚州开发了油田，矿主们立即尽可能多地钻井取油，由于管理不善和过量开采，油井喷发起火、天然气渗漏等事故频频发生，浪费极为严重。除了对能源的不合理开发，森林资源也遭到严重的破坏。20世纪以前，木材是美国人生产、取暖、照明、动力等领域所需能源的主要来源。据统计，在1850—1860年间，约有1 000万英亩的森林被开辟为农田。内战之后，大规模的铁路建设也需要大量的木材，19世纪后期，铁路消耗了全国木材年产量的20%—25%。同时，自然的和人为的火灾也导致森林资源耗费。在1900年前后，由火灾导致的森林年平均损失大约为5 000万美元。到19世纪末，美国已经有1/5的原始森林遭到破坏。森林的破坏也导致了许多野生动物的绝迹，人为的捕杀更使得许多珍贵的野生动物灭绝。（赵红、王峰，2006）

在西进运动中，大批拓荒者涌向中西部地区，将森林草原开垦为农田，但随之而来的则是严重的水土流失，自然灾害频频发生，干旱、暴风雪、沙尘暴等不断侵袭。1934年5月11日凌晨，美国西部草原地区就发生了空前未有的黑色风暴，风暴整整刮了三天三夜，形成一个东西长2 400公里、南北宽1 440公里、高3 400米的迅速移动的巨大黑色风暴带。风暴所经之处，溪水断流，水井干涸，田地龟裂，庄稼枯萎，牲畜渴死，千万人流离失所。

在城市，人口的迅速增加也给城市运转带来了一系列问题，如交通、卫生、住房等。由于住房紧缺，房地产商人乘机牟利，建造许多价格低廉、简陋拥挤的单元房，在城市里形成了大批拥挤不堪，且缺乏必备公共设施的贫民窟，那里既无排污系统，也没有垃圾处理设施，空气污浊，肮脏难忍。

此外，公共事业和服务行业也都跟不上城市发展的需要，很多城市还没有完备的排水系统。在费城和圣路易斯，排水系统的总长度还不到整个城市街道长度的一半；巴尔的摩和新奥尔良，还依靠露天排水沟排污；很多城市的垃圾无法处理，只好就地掩埋，或者直接倒在排水沟里，不仅臭气熏天，而且污染水源。1880 年，纽约市相关部门曾对全市 85 口水井的水质进行检测，其结果显示只有一口井的水质合乎饮用标准。自然资源的破坏和生活环境的恶劣直接影响到了人们的生存，严重阻碍了经济的发展。

1929—1933 年的大萧条重创了美国的工业生产。据统计，1929 年，美国的国民生产总值为 9 381 亿美元，1933 年只有 6 621 亿美元，下降了 29.4%。（刘绪贻、杨生茂，2005：13）工业生产指数连续 3 年大幅度下降，机床制造量下降 80%，生铁产量下降 79.4%，纯钢产量下降 75.8%，汽车制造量下降 74.6%，煤矿产量下降 40.9%。在危机最严重的时候，汽车工厂开工率只有 5%。1932 年，某机车厂全年只售出一台机车。危机期间有 13 万家企业倒闭，很多人在一夜之间丧失了工作和所有的积蓄。官方统计显示，1930 年 4 月，美国的失业人数近 320 万人，到了 1933 年 3 月，上升到了 1 500 万人，1933 年 4 月则是 1 700 万人，而私人统计的数字还要远远高于此，几乎每三个工人当中就有一人失业，半失业者不计其数。（彭鑫，2011）

在危机的影响下，农业生产受到严重的打击，大量农产品因找不到销路而积压，价格下跌。相关统计显示，美国农产品的总值从 1929 年的 119 亿美元下降到 1933 年的 53 亿美元，谷物总产值从 1929 年的 12.88 亿美元下降到 1932 年的 3.91 亿美元。农业价格指数从 100 降为 44，农民总收入下降了 57%，降到了1914年之前的水平。此外，据一份1932年的某周末报纸记载，当时的小麦的价格为每蒲式耳25美分，玉米为7美分，燕麦仅售一个硬币，一磅棉花或羊毛的价格为5美分，白糖一磅为3美分，猪、牛肉每磅为2.5美分，200个一箱的优质苹果售价仅为40美分。（Manchester，1976：212）

生产过剩导致了生产力的严重破坏和倒退。因为缺乏燃料和成本过高，农民开始用牲畜代替机械生产，用手工劳动代替机器操作，这样，其结果是生产效率降低，农机得不到更新，田间管理质量下降，农产品价格一跌再跌，出售农产品只使农民承担巨大损失。在危机期间，美国对外贸易和资本输出急剧下降，进口额由1929年的43.99亿美元下降为1932年的12.22亿美元。出口额由同期的52.41亿美元下降为16.11亿美元，进出口额都下降了近70%。在国外的投资也几乎完全终止，1930年美国在外投资约10.1亿美元，到1933年仅剩不到10万美元。（黄安年，1989：126）面对空前严重的经济危机，胡佛政府采取了一定的措施。但作为自由放任主义的追随者，胡佛认为与所有的事物一样，资本主义制度也会产生一些弊病，如经济危机以及危机所引发的各种社会矛盾，但这些都不是制度本身所带来的，而是可以避免的。他认为经济危机产生了，也可以根据自愿原则，由各个公民集团，特别是企业家组织和地方政府来纠正和解决。如果联邦政府就此加以干预，则会削弱地方政府的责任感，特别是会损害企业家的主动性和创造精神，甚至会导致政府的集权主义泛滥。他还认为，美国过去历次经济危机，都是在联邦政府放任的情形下靠市场的自我调节得到克服的。所以在这次危机中，胡佛认为政府的主要责任就是尽力保护自由放任的美国经济制度，反对联邦政府直接干预经济生活。

胡佛政府拯救经济危机的举措收效甚微。到1932年美国总统大选的时候，各种社会矛盾已然激化，无政府状态已经发展到顶峰，整个美国社会面临崩溃。1931年2—3月间，从纽约、新泽西两州开始，各地纷纷出现了向本州首府聚集的饥饿进军运动，失业工人们先后11次向各州议会所在地聚集。同年12月6日，美国共产党组织全国失业工人第一次向首都华盛顿进军，先后三次将百万人签名的请愿书送交国会。1932年5月，退伍军人也发起了向首都进军的运动，先后有两万多名参加过第一次世界大战的失业退伍军人汇集到华盛顿，他们自称是"福利金远征军"，向总统请愿，要求政府偿付退伍军人福利金。随着危机的深入，各种反抗斗争愈演愈烈。1929—1933年，全国约有230万人参加了近4 900次罢工和停工运动。仅1933年就有117万工人罢工，他们反对降低工资，争取各种权利，要求改善劳动条件。（黄安年，1989：131）

经济与社会危机的集中爆发表明，传统的工业化和城市化发展道路，已经不能适应社会经济的发展。现实向联邦政府，向整个美国提出了要求，经济需要发展，人民生活需要改善，社会秩序需要稳定，国家现代化道路需要调整，资本主义制度需要完善。

二、罗斯福新政：保卫社会，建立现代福利国家

20世纪30年代经济危机波及了社会的各个方面，严重影

响着国家的正常运转。解决经济危机及引发的失业问题成为政府面临的首要任务。对于政府而言，要提高就业率，就必须要增加投资，扩大生产，增加就业岗位。为此，胡佛政府不断向大银行、大企业拨款。在当时生产极度过剩的情况下，理性的大银行、大公司绝不会拿政府所拨的贷款去进行生产投资、雇佣工人，因此，胡佛劝导资本家投资的政策自然无助于提高广大群众的购买力，缓解生产过剩的危机。

在这种情况下，由政府出面，运用行政手段来调节全国市场就显得非常必要和迫切。民主党总统候选人富兰克林·罗斯福指出：政府现在的任务不是发现和开采自然资源，或者生产更多的商品，而是应更冷静、平稳地管理好已有的资源和工厂，为积压商品重新开辟国外市场，处理购买力不足的问题，建立一种新的经济秩序。罗斯福新政标志着资本主义进入了一个新阶段，美国从传统资本主义转变为现代资本主义，这种转变在二战后又在全球范围内发展。现代资本主义与传统资本主义的重要区别是国家对经济实行系统的宏观调控和干预，在职能上，国家由资本主义制度的维护者转变为国民经济和社会的管理者，以及各种经济法规和社会政策的制定者和执行者。在现代资本主义体制下，社会保障体系普遍建立，社会阶级关系的调整和中间阶层的壮大。（陈启懋，2006）

18 世纪和 19 世纪前期，构成美国农业社会主体的是农民、小业主和小商人组成的中产阶级，即老式中产阶级，他们约占当时人口的 80%。随着工业化的进展，旧式中产阶级开始发生分化。在工业化的冲击下，部分农民和小企业主相继破产，他们和新移民一道加入了工人阶级的行列。到了 19 世纪末，美国社会两极分化严重，贫富差距加大。而在罗斯福新政期间，政府进行了一系列的制度改革和调整，以抑制社会贫富分化。例如在市场竞争起点和平等方面立法，法律开始强调，竞争应当是公平的竞争，而公平就体现在机会平等，人们参与竞争时力量的相对平等上。在新政实施过程中，政府通过保障教育机会的均等，禁止就业歧视，遗产税法等方式确立了以上这些平等原则。比如，通过制定累进制的个人所得税制度，政府对拥有丰厚土地、房屋等不动产资产的居民征收财产税，对奢侈品消费征收消费税；同时，制定社会保障法，形成社会安全网，防止居民陷入贫困。具体比如，建立覆盖全社会的社会保险体系，包括养老保险、雇佣保险、健康保险等；实施社会救济，政府对残疾人、病人、长期失业者和生活贫困者直接提供社会救济和补助。这些立法对政府全面干预经济，消除贫困产生了极其重要的作用。

20 世纪 30 年代以来，美国的社会结构出现了显著的变化。首先，一个重要的表现是农业劳动力急剧下降，1935—1937 年，大量农村人口涌向城市。到 1940 年，美国农村地区人口仅占 43.5%，而实际住在农场并从事农业生产的仅有 23%。1940 年，农业人口占美国总劳动力比重为 17%，到 1960 年时下降到 6.2%。另据统计，到 70 年代末，美国的农业、林业和渔业劳动力占总劳动力的比重下降到 3.5%。(朱传一等，1987)

其次，美国社会结构的变化还表现为，系统全面的社会保障体系，发达和平等的教育机会，工业技术进步和专业化的发展，劳动生产率得到前所未有的提高等因素，使得许多蓝领工人及其子女可以有机会通过接受教育而跻身于白领阶层，蓝领工人数量锐减，而白领阶层不断扩大，城市中产阶级群体迅速壮大。有材料显示，在1920年，美国的白领阶层只占工人总数的25%，到1960年，这一比例增长到43%，到1981年，则超过了53%。（刘绪贻，1986）著名经济学家约翰·加尔布雷斯的研究也指出，1965年时，美国白领人员要比蓝领工人多出800万人，而这种趋势一直继续着。另据统计，1970—1980年，美国的经济管理人员增加了58%，卫生人员增加了118%，公务人员增加了76%，银行人员和系统分析人员都增加83%，计算机操作人员增加346%，律师增加了一倍以上。（Siegel，1984：273）

由于战后美国经济持续繁荣，国内工人阶级的实际收入和生活水平有很大改善，占总人口大部分的白领阶层和部分蓝领成为中产阶级，大资产阶级和穷人却成为社会中的少数。即便是极少数生活在贫困线以下的人，通过社会保险和社会救济，一般也能维持较为舒适的生活，他们的贫困，实际上是指没有中产阶级生活得那样富足。新政之后的历届美国政府不断进行经济改革，在全国大力扩展中产阶级，抑制豪富与赤贫阶层的扩大，从而促成了美国"两头小、中间大"的社会分层结构。占社会绝大多数的广大中产阶级，从事稳定的工作，生活体面，衣食无忧，成为社会稳定的中坚力量。战后较长的一段时间里，即便在经济衰退时期，美国也没有面临大规模的失业和严重的社会动荡，社会经济平稳发展，这和以中产阶级为主的社会结构有着密切的关系。

三、劳工立法、住房制度改革与州际高速公路法：郊区化及其政策动因

在国家工业复兴运动以及保护劳工权益的一系列立法下，美国劳工阶级壮大，工会组织变得十分强大。许多企业为了避开中心城市的劳工组织，开始将企业迁往郊区发展。加上罗斯福新政以来住房贷款政策的变革，以及相关税收政策向郊区的倾斜，中产阶级不断向郊区迁移。1956 年州际高速公路法案的通过，更是加速了美国的郊区化历程。其中后面两个因素甚至对美国之后一个世纪的城市发展都产生了并将持续产生深远影响，以至于 1999 年末，150 名美国城市问题专家在总结 1950 年到 2000 年影响美国城市发展的十大因素时，将住房改革制度和州际高速公路计划放在十大因素的榜首。（张庭伟，2010）

（一）劳工立法与美国工人阶级力量的壮大

美国从 19 世纪末实现工业化以来，工业在整个国民经济中所占比重迅速提高。到 1929 年，美国共有 21 万家工业企业，雇用多达 883.8 万工人，工业生产总值达到 700 亿美元，占当年国民生产总值的 67.4%。（余志森，1992：284）这一时期，要缓解经济危机带来的社会动乱，必须振兴工业，创造工作岗位，以减少失业人群。因此，在罗斯福新政的干预下，联邦政府出台了一系列旨在振兴工业，保护工人利益的措施。1933 年 6 月 16 日，

罗斯福签署《国家工业复兴法》，这项法案包括两部条款，第一部为有关工业复兴的条款，其中申明，国家经济正处于紧急状态，有必要部分暂停实施反托拉斯法。工业各行业成员可与政府合作，制定本行业的公平竞争法规。

公平竞争法规的重要内容就是保护劳工的切身利益，宣布“黄狗合同”[①]非法，同时规定企业必须保障雇员组织和通过他们自己选择的代表进行集体谈判合同的权利，包括有关工资、工时和工作条件的条款，以及其他涉及公平竞争问题的条款。例如，关于最高工时及最低工资标准，条款确定应通过工人集体与雇主谈判后达成，否则将由总统亲自决定。总统拥有法规的批准权，可以以保护消费者或公共利益的理由来更改法规的条款。如果某个行业不能通过协商制定出自己的法规，总统则有权在警告和举行听证后，为该行业强制制定一项法规。在特殊情况下，总统还可以对某个行业实行许可证制度，没有获得许可证的厂商将丧失经营权。总统有权干预和批准企业家之间、工会之间或劳资之间自愿达成的协议。所有的行业公平竞争法规、许可证和自愿协议都将在《国家工业复兴法》2年的有效期中享受从反托拉斯法中豁免的权利，即不受反托拉斯法的追究和起诉。如果违反法规、自愿协议或许可证制度的规定，将被罚款，或受到联邦贸易委员会的处罚。为此，《国家工业复兴法》的第一部第七条第一款明确规定：“根据本部条款所批准、制定或发布的每一项公平竞争法规、协议和许可证应包括以下内容：第一，受雇者应有组织和通过他们自己选择的代表进行集

① 指雇主与雇员个人签订的以受雇者不参加工人工会为条件的雇用合同。

体谈判合同的权利，在选派此种代表或组织工会的行动中，在为谈判集体合同或其他相互支援、相互保护的目的而进行的其他的一致行动中，不受劳工的雇主或他们的代理人的干涉、限制或强制；第二，受雇者及任何寻求受雇的人不应被要求以参加任何公司工会或禁止其参加、组织或援助一个他自己选择的劳工组织作为一个雇用条件；第三，雇主应遵守总统批准或规定的劳工最高工时、最低工资的比率及其他雇用条件。”（陆镜生，1988）

《国家工业复兴法》的第二部分内容则是关涉大兴公共工程和建筑规划，促进就业增长。法案授权总统建立一个应急的公共工程局，国会则为该局拨款33亿美元用于广泛的国内公共工程项目，包括水坝、公路、联邦用房及海军设施等工程的建筑。罗斯福在签署《国家工业复兴法》的同时强调指出，这项法律的目的在于，通过消除那些不仅折磨了正当的工商业，而且导致了劳工的不幸的海盗式的方式和措施，来保证工业获得合理的利润，劳工得到合理的生活工资。这是一项政府与企业合伙关系的历史性试验，“它是对工业界的一个挑战：长期以来工业界坚持认为，如果给它以协调一致行动的权利，它就能为普遍利益做更多的事情，而迄今为止，这种协调行动是非法的。从今天起，它获得了这种权利”，因此，“历史也许会把《国家工业复兴法》作为迄今为止美国国会所通过的一项最重要的、意义最为深远的法律记录在案”。（胡国成，1995）

《国家工业复兴法》还规定通过建立工业复兴局，来执行法律的第一部条款。1933年6月20日，即《国家工业复兴法》签署后的第四天，国家工业复兴局宣告成立。其工作的目标是使工业进入法规管制体系，修改法规中不适宜的地方，并强制执行和指导工业各行业制定出本行业的公平竞争法规。在《国家工业复兴法》签署的当天，棉纺业同业公会就已制定了一份包含有最高工时、最低工资和劳工集体谈判合同等内容的行业法规草案。

1933 年 7 月 21 日，在罗斯福的支持下，国家工业复兴局发起了一场“蓝鹰运动”。几天之内，由总统签署的再就业协议的副本被寄送到全国各地的雇主手中。协议规定，禁止雇用 16 岁以下的童工；最高工时标准为产业工人每周 35 小时，其他工人和职员每周 40 小时；最低工资标准为产业工人每小时 40 美分，其他工人和职员每周 12 美元—15 美元。这份协议在形式上是总统与雇主个人之间的协议，是否签署，完全由雇主个人决定。为此，工业复兴局局长约翰逊设计了一个蓝鹰标志，上面写着“我们尽一份力”的字样。签署了这份协议以及加入了行业法规管制体系的雇主均可从国家工业复兴局及其下属机构获得这种蓝鹰标志，并将其贴在商店的橱窗里和生产出来的产品上。广大消费者则通过抵制不带蓝鹰标志的产品，购买带有蓝鹰标志商店的商品来支持这个运动。（陈宝森，1988：715）

除了蓝鹰标志外，约翰逊和国家工业复兴局还采用其他手段来扩大这场运动的宣传。他们将签署了协议的雇主名单公布在每一个邮局门口的光荣榜上，并组织群众集会、汽车游行、铜管乐队来大造声势，增强宣传效果。1933 年 9 月 13 日，纽约市的蓝鹰运动游行有 25 万人参加，成为该市历史上最大的一次群众游行。通过“蓝鹰运动”，全国有 200 多万雇主在总统的再就业协议上签名，广大的消费者则签署了支持“蓝鹰运动”，只购买带有蓝鹰标志产品的盟约。这场全国性的群众运动推动了各行业公平竞争法规的制定。1933 年 7 月，造船业和毛纺业的行业公平竞争法规先后公布，8 月初，电力生产和服装业的行业公平竞争法规制定完毕，3 个月的时间内，全国十大工商行业的公平竞争法规全部制定颁布完毕，“蓝鹰运动”取得了辉煌的成果。截至 1935 年《国家工业复兴法》被废除，在国家工业复兴局存在的近三年时间里，它一共制定和颁布了有关各行业公平竞争的基本法规 557 个，补充法规 189 个。这些法规涉及全国约 95％的工人，他们的组织工会受到法规保护，并享有进行集体谈判合同的权利。（陈宝森，1988）

《国家工业复兴法》是在经济大危机的紧急形势下，由联邦政府提出企业与政府合作，依靠工业的自治和自律来复兴工业的一次试验。事实证明，想依靠以同业公会为基础的工业自治来进行工业的计划是不可行的。在恶劣的经济形势下，企业界由于自身无力摆脱危机而有求于政府的干预，因而接受了政府的管制。当经济形势稍有好转，它们便开始尽力摆脱这种管制。1935 年 5 月 27 日，最高法院在审理“谢克特兄弟家禽公司诉合众国”案中，以全体一致的判决，裁定《国家工业复兴法》违宪，这样，根据《国家工业复兴法》制定的各项行业法规立即被废除。“谢克特案”的起诉及判决标志着企业与政府合作的破裂，它说明了企业界在经济能够正常运转的形势下，不希望有更多、更严格的政府干预和管制。

然而，罗斯福新政对拯救大萧条的成效表明，政府有权力、有责任创造一种适合经济社会正常运行的环境，这样一种与自由放任理论完全冲突的思想却已潜移默化地深入了人心。《国家工业复兴法》禁止了雇用童工，并在全国范围内规定了最高工时和最低工资的限额，打击了“血汗工厂”制度；它从法律上肯定了工人集体谈判合同的权利，从而改善了美国资本主义制度下阶级结构中有组织的劳工的地位；它限制了不公平贸易，给予工业生产运转一定的安全保证；它使工业社会中利益相互冲突的各个社会集团在一个短暂的时间里团结在一起，为度过经济大危机提供了一个必不可少的条件；它通过法律，使企业社会初步进入政府的管制之中，从而使美国工业经济开始步入国家垄断资本主义的轨道。《国家工业复兴法》被废除后，联邦政府又敦促国会制定了一些法律来代替原《国家工业复兴法》中的各个部分，以继续其复兴工业的努力和对工业的管制。在这些法律中，对整个工业领域影响最大的当属有关劳工的法律。

1935 年《国家工业复兴法》被宣布违宪后，国会又通过了《全国劳工关系法》，并建立全国劳工关系委员会。该法规定：美国的政策是消除对商务自由流动的某些实际障碍，当出现这些障碍时，用鼓励集体谈判的做法和程序，保护由工人实行充分自由联合，自己组织并指定他们自己选择的代表来消除这些障碍，以达到改善他们的雇佣条件、环境以及其他互助与保护的目的。雇员有权自己组织、建立、参加或援助劳动组织，通过其代表进行集体谈判，从事协调的活动，以达到集体谈判或其他互助保护的目的。在雇主方面，规定雇主不得干预雇员行使自己的权利；不得干预或通知任何劳工组织，或给予财务捐赠或其他支持；不得在任何劳动组织中对雇佣期限、雇佣条件和环境，或对会员进行鼓励或不鼓励的事情上进行歧视；不得拒绝同男女雇员经适当选择出的代表进行集体谈判。（陈宝森，

1988：721)《全国劳工关系法》的出台使劳资冲突的解决有法可依，劳工的正当权益也有了不受侵犯的法理依据。

1938 年实施的《公平劳动标准法》则规定了工人工作的最高工时和最低工资，使劳动者的工作处境和收入得到了保证，联邦政府第一次承担起保障工人生活的责任，基本上使收入分配关系开始向较为公平的方向发展。另外，罗斯福政府还建立了职能部门专门负责处理劳资关系问题，如《全国劳工关系法》中规定设立的全国劳工关系委员会被授权主持各地工会选举，禁止并纠正雇主反工会的不公正行为等。这些政府职能部门具有调节劳资纠纷的权力，将劳资冲突作为社会问题加以解决，降低了罢工等抗议方式给劳资双方带来的巨额经济损失，对缓和两大阶级之间的对立关系也起到了一定的作用。可以说，这些立法的出台与机构的设立标志着政府等权力机关开始发生角色转换，逐渐发展成为劳资关系中不可或缺的调节者。

新政在工业方面的一系列措施得到了工人群众的热烈响应，借助各项工业法令的颁布，各种工会组织迅速发展起来。其中，美国矿工联合会、纺织工人联合会、国际女装工人工会、混合成衣工人工会等发展最快。除此以外，橡胶工人、电气工人、西部铜矿工人、石油工人、天然气工人、记者、旅馆和饭店服务员以及其他各行业未组织起来的工人，也纷纷加入工会。如表 2.1 所示，全国所有工会的会员数，由 1933 年的 297.3 万人增加到 1935 年的 388.86 万人。从此，包括黑人、妇女和其他少数民族工人在内的所有工人都有组织工会和通过自选代表与资方进行集体谈判的权利。这是自近代工业社会形成以来，工人第一次有了发言权，不再像从前那样完全受制于资方。同时，工人在国会也有了自己的代言人,并能通过自己的组织进行院外活动,积极参与到国家的政治生活当中去。

表 2.1 1900—1940 年间美国劳动力的组织程度①

年份	工会会员占全部劳动力的比例(%)	工会会员占非农业雇员的比例(%)
1900	2.8	5.2
1910	5.7	9.8
1920	12.1	18.4
1930	6.8	11.6
1940	15.5	26.9

(二) 住房政策变迁与中产阶级郊区化

住房福利保障是罗斯福新政以来历届美国政府社会保障政策体系中的一个重要组成部分。从罗斯福到约翰逊,尽管历届政府举措的力度和重点有所不同,但是解决住房问题却是两党政府适应美国克服经济危机的困境,解决丰裕社会中相对贫困的新情况,缓解社会矛盾的一项重要对策。其中至关重要的对策涉及公共住房补贴(1937 年以来的住房法)、房租补贴(1965 年城市住房发展法等),利息补贴,妇女、婴儿和儿童住房补贴,消除贫民窟和新镇运动,国内外移民和非法移民的住房等问题。(黄安年,1998)尽管这一系列住房政策最初都以帮助城市中低收入者解决住房问题为目标,但是在政策实施后却受

① 梁晓滨:《美国劳动市场》,中国社会科学出版社,1992 年,第 72 页。

到了出乎意料的后果。其中最重要的后果便是郊区化的加速、大城市蔓延和城市种族隔离的严重。

20 世纪 30 年代初期的经济危机中，大量美国人因失业、无法付出房贷而面临失去住房的困境，迫使美国联邦政府干预传统上由私人银行经营的住房贷款业务。传统的住房贷款条件苛刻，例如要求 50%的首付，仅仅 5 年的贷款偿还期等，使得大部分居民难以负担。在应对经济危机的“新政”时期，联邦政府建立了“联邦住房局”(FHA)，统一管理住房问题，制订全国性住房规范，特别是建立了由联邦政府担保的新的贷款体系，大幅减少首付(甚至仅为 5%)，并延长贷款偿还期到 30 年。新政策有效地帮助了中低收入居民买房，缓解了住房危机。二次大战后，随着大批复员军人回城，美国城市出现房荒。紧邻市区的近郊区成为理想的住房建设地区，而新的住房贷款政策则帮助居民在这些新开发的居住区购房。但是，直到 20 世纪 60 年代中期的民权运动之前，FHA 的贷款政策都带有致命的错误和明显的偏见。首先，政府支持的优惠贷款只贷给新造住宅的买主而不给二手房买主，政府的目的是通过鼓励居民购买新房(而不是旧房)、刺激新房建设而拉动经济复苏。这样，本来愿意居住在老城的二手房购房者就难以借到优惠的贷款，他们为了取得政府优惠贷款，不得不迁入郊区的新住宅区。客观上，这就造成老市区空心化，并大大刺激了郊区扩张，导致了城市蔓延(urban sprawl)。更为严重的是，由于种族歧视，当时的 FHA 优惠贷款只给白人，不给黑人。政府的理由是担心黑人收入太低，信用不佳，将无法收回贷款，在其背后无法说出的真正理由是白人不希望黑人迁入基本是白人居住的郊区，也造成了声名狼藉的美国城市种族分隔的居住形态。虽然在

1967—1968 年美国的民权运动以后，这些错误政策都已被废除，但是 20 多年执行错误政策造成的后果，已经难以挽回。直到 20 世纪 80 年代后期，过度的郊区化、中心城衰退、城市蔓延、种族分离等城市问题仍然不同程度地存在着。为了和这些问题斗争，美国规划界提出了“精明增长”（控制蔓延）、“混合居住”（减少黑白分离）、“公平规划”（资源分享）等规划措施，然而效果并不理想。（张庭伟，2010）

（三）汽车绑架美国城市公共交通：1956 年《州际高速公路法》

二战前，美国大城市的基本面貌与欧洲城市基本相似，人口密度较高，公共交通是城市市民的主要交通工具。纽约、芝加哥、波士顿等大城市早在 1900 年前就建成了第一条地铁。然而，20 世纪 30 年代后期，美国汽车制造技术的改进使得小汽车价格下降，小汽车进入了普通家庭。汽车在给生活带来便利的同时，也给城市的发展和规划带来了严重的问题，城市街道变得日益拥堵。于是高速公路的建设就成为必然的选择。由于高速公路建设工程背后所蕴含的巨大的商业利益，高速公路建设计划得到了汽车制造业和石油企业等大利益集团的鼓励支持。美国政府从 1956 年开始实施《州际高速公路法》（*The 1965 Interstate Highway Act*），规定以汽油税的 90％作为建造高速公路的资金。这样，汽油消费越多，汽油税就越多，建造高速公路的资金就越充盈。同时，小汽车的购买量就越多，利益集团的红利也越多。在这种财政政策的鼓励下，仅仅数年时间，美国就建成了纵横美洲大陆、长达 65 600 公里的高速公路系统。美国人曾经自豪地把它誉为“在金字塔之后人类最大的公共工程”。(张庭伟,2010)

但是事与愿违,高速公路并没有解决市区的交通拥挤问题。相反,由于高速公路把郊区和市区便捷地联系起来,居民开始大规模迁移到郊区居住以提高居住质量,制造业大量迁移到郊区经营以减少企业成本,沿着高速公路的郊区开发蓬勃兴起。同时,由于郊区居民和企业仍然需要中心区的服务业,致使通往中心区的高速公路,以及中心区内街道上的交通反而更加拥挤。郊区开发进一步吸引了原来大城市周围地区的人们迁入大城市郊区,结果是城市中心区出现空洞化,中心区密度迅速下降,开创了不可逆转的郊区化时代。从图 2.1 中我们可以看到,美国城市人口密度自 1930 年小汽车发展后开始快速下降。

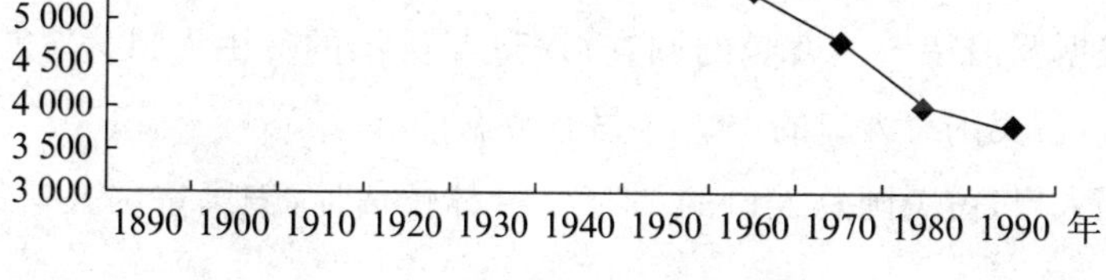

图 2.1　美国城镇人口密度变化图[①]

① 仇保兴:《我国城镇化中后期的若干挑战与机遇》,《城市规划》2010 年第 1 期。

更为严重的是，由于政府几乎把所有的公共资金用于高速公路建设，对城市公共交通的投资严重不足。已经建成的公交系统得不到更新，新的公交网络难以建立，公交服务质量下降，影响了居民对公交的利用率。而低下的公交利用率，则正好成为汽车制造业等利益集团反对政府补贴公交的借口，形成公交投资不足—使用率低下的恶性循环。

(四) 约翰逊“伟大社会”改革：向贫困宣战与示范城建设

1. 向城市贫困宣战

战后的美国物质丰裕，经济繁荣。1958 年，加尔布雷斯出版《丰裕社会》一书，宣布美国已经进入富裕社会阶段，“从一定意义上讲美国的贫困已经消除了①，大量的人口已经不再贫困”(Galbraith，1958：251)。然而，繁华的表象下却潜藏着深刻的危机，主要表现为经济发展缺乏持续的动力，种族隔离与歧视导致种族对抗加剧，教育和就业机会不平等，贫富差距扩大和公共服务“缺失”等问题凸现。在这个丰裕社会里，千百万人过着世界上最高水平的生活的同时，也还存在着一个贫困群体。根据罗伯特・兰普曼的调查，1958 年美国的贫困人口为 3 200 万，占美国总人口的 19%。另有数据指出，1958 年有 4 150 万贫困人口，占美国总人口的 24%。哈林顿估计，美国贫困人口约

① 贫困是一个动态的、历史的、地域的概念，它随着时间、空间以及人们的思想观念的变化而变化。约翰逊总统在 1964 年 1 月公布的《总统经济报告》中提出，家庭贫困线标准是家庭年收入不超过 3 000 美元，个人年收入不超过 1 500 美元(以 1962 年美元为标准)。

4 000万—5 000万，占总人口的20%—25%（迈克尔·哈林顿，1963：208-211）。

表2.2 美国1959—1969年贫困率和贫困线以下125%的贫困人口

年份	所有人口贫困率(%)	白人人口贫困率(%)	黑人人口贫困率(%)	贫困线下125%的人口比例(%)	贫困线(非农四口之家收入限额)	贫困线下125%非农四口之家平均收入
1959	22.4	18.1	55.1	31.1	$2 973	$3 716
1960	22.2	17.8	—	30.4	$3 022	$3 778
1966	14.7	12.2	41.8	21.3	$3 317	$4 146
1969	12.1	9.5	32.2	17.4	$3 743	$4 679

资料来源：李彬，2012年。

从贫困结构来看，城市贫困人口是20世纪60年代初美国贫困人口的主体，科技进步和受教育程度较低是导致他们贫困的主要原因。对穷人来说，进步就是痛苦，当一个社会越来越讲究工艺技术规程，越来越讲究操作技术的时候，那些学习过怎样使用机器和受到过良好教育的人，便可以挤得上去，而那些原来在这方面毫无基础的人，则感到增加了新困难。那些没有技术和接受教育较少的人便只有跑到经济底层去，到工资微薄的服务性行业中去，到落后的工厂中去就业。在20世纪50年代和60年代初期，走下坡路的和陷入贫困境地的人基本上都是从大规模生产工业里淘汰下来的工人。美国政府在1960年宣布，在50年代，1/5的失业者是长期性萧条地区和长期性萧条工业的工人，在萧条地区，有1/4的失业工人已经赋闲半年以上，他们之中大多数都有孩子要靠他们扶养。经济底层原来的穷人,加上萧条地区和工业部门新添的穷人,构成了美国城市贫民的主要部分。

农民是第二大贫困群体。对城市穷人来说,进步意味着退步,进步带来的威胁要比其所带来的希望更多,对农村的穷人来说更是如此。20 世纪 30 年代以来,机械化改造了美国农村,但是,投资增加和技术进步的最大受益者不是农民,而是农产品公司和农场主。对于后者来说,技术革命意味着惊人的利润。1954 年,约 12%的农场经营者控制着 40%以上的土地,几乎占农业贸易总额的 60%;而位于农村底层的 100 多万户小农,他们拥有美国全部商业农场土地的 40%,但是,他们所创造的贸易额却只占农业贸易总额的 7%。(迈克尔·哈林顿,1963: 51)20 世纪 50 年代中期,两位农村社会学家查尔斯·卢密斯和艾伦·比格尔曾经在农业萧条地区作了一次调查。他们发现,那里的人在 20 世纪 50 年代末期的情况同他们在 20 世纪 30 年代所处的情况完全一样,新政和战后的繁荣,跟他们一点关系都没有。

黑人是第三大贫困群体。相对于贫困白人群体,黑人的贫困情况则更为严重,也更加集中。以纽约市为例,20 世纪 50 年代中期,该市有将近 100 万黑人,其中 50%的黑人家庭年收入在 4 000 美元以下(同等收入的白人家庭只占 20%)。在接受社会补助的人当中,黑人占 40%。纽约市黑人的失业人数比白人多一倍,而黑人工人所获得的工资仅及白人工人的一半。在美国任何一个城市,黑人贫民窟往往是贫困的中心、体力劳动的中心、疾病的中心,是美国不发达地区所具有的各种典型缺点的中心。

第四个贫困群体是老年人。1958 年，美国有 800 万 65 岁以上的老年人口，他们中间有 60％的人年收入不到 1 000 美元，远低于一般城市居民生活的最低标准。统计数字表明，1959 年秋，一对退休夫妇的适当的生活费用预算，按斯克兰顿的城市低标准是 2 681 美元，按芝加哥的高标准是 3 304 美元。在贫困的老人群众，孤寡老人又是最贫苦的，他们中有四分之一的人年收入不到 580 美元——这个数字刚好达到美国农业部当时所规定的最低限度廉价食品标准，因此他们根本无力支付房租、购买衣服等。此外，老年人又往往是疾病发生率最高的群体，年老的穷人因病而躺在床上的时间要比其他人多，他们得到的医疗保险也是最少和最差的。据统计，一个年收入低于 2 000 美元的 75 岁老人，平均每年看病的次数是 6.8 次，而年收入达 7 000美元以上的老年人，平均每年看病 9.1 次。相对于 20 世纪 40 年代，50 年代美国消费品物价指数上升了 12％，可是老年人最害怕的医疗费用开销却上升了 36％，住院费用上升了 65％，合同住院费用(即蓝十字会的保险费用)上涨了 83％。(迈克尔·哈林顿，1963：55)

在当时的政治与社会精英看来，这些贫困人口的存在和美国“富裕社会”极不协调，政府如果不对贫困的恶性循环采取措施，它将成为美国社会的病灶，将集聚大量矛盾和冲突，成为暴力和社会分裂的潜在动因。20 世纪 60 年代初期，穷人的困境极易引起社会的同情，特别是那些寡妇、儿童、慢性疾病者和残疾人，他们被认为是上帝的弃儿，政府应该给他们以最低生活保障。约翰逊和自由派知识分子是如此认为，大部分美国人也是如此认为。1964 年减税法实施之后，对经济的刺激立竿见影，各项指数迅速飘升，约翰逊和政府经济学家们都感到应该有所行动来消化由减税所带来的公共财政收入的增加。这个时期的凯恩斯主义者都相信，财政盈余给美国经济带来的绝不是利好，而只会是拖累，他们需要一个全面的计划来消化这些盈余。这种“幸福的烦扰”是约翰逊政府发动向贫困宣战运动的潜在动因，也是约翰逊承诺在不牺牲中产阶级利益的前提下消除贫困的经济基础。（王安庆，2008：125）

在当时的美国社会，关于贫困形成原因的探讨，学者们陷入了一场政治上和意识形态上的激烈争论：一种意见坚持认为贫困是社会的过错，而另一种意见坚持认为贫困是个人的过错。约翰逊则认为产生贫困的原因是在二者之间，决策者没有看到穷人和现存机构的缺陷，没有把贫困和制度上的因素联系起来，认为有劳动能力的人之所以贫困是因为他们受的教育不充分和懒惰。但是，他也不否认，贫困之所以产生是因为他们“生活在美国主流社会之外和价值观的异化”①。约翰逊认为产生贫困的制度上的因素是种族歧视，这是源于历史遗留下来的文化现象，而不是私营经济和其他政治经济的天然产物。这种对贫困的解释在20世纪50年代很普遍，并且成为当时决策者制定政策的依据。约翰逊最后把解决这个问题的办法引向了对环境的改造——即为穷人提供工作的机会和对权利机制的改革。

1964年5月22日，约翰逊在密歇根大学发表了关于“伟大社会”的演讲。在随后18个月的重要讲话和提交国会的立法建

① *The Economic Report of the President 1964*, United States Government Printing Office, Washington, D. C., p. 55.

议中，约翰逊明确地表达了“伟大社会”的改革目标：第一，全力以赴消灭贫困；第二，消除种族歧视，追求社会平等；第三，改善生活质量。约翰逊希望通过改革结束贫困和不公平，使所有人都有机会平等进入美国主流政治经济生活，有机会分享美国的富裕，使每一个美国人都能过上充实、富裕、安详的生活。围绕着这些目标，约翰逊在民权、反贫困、医疗和教育、城市改造和建设、改善生活质量等领域发动了全面改革。

“伟大社会”改革的关键手段是政府干预，通过社区行动计划使穷人“最大限度地参与”，为弱势群体提供职业训练和补偿性教育计划。各种政治、经济和文化资源也尽可能地应用到穷人的生活中去，如法律援助、医疗保险、较小规模的商务援助和资本投资、对高等学校的贷款和奖学金、各种各样的社区发展和住房补贴。这些资源的投放，使穷人的生活处境和环境得到改变，打破附着在他们中间的贫困文化，扩展生活机会。

约翰逊反贫困计划中最重要的内容就是社区行动计划(Community Action Program)。1964 年经济机会法是这样定义社区行动计划的，“社区行动计划是在所服务的地区和成员在‘最大限度参与’的原则下发展、引导和管理的计划”。① 它是联邦反贫困计划中的核心项目，在这个计划下衍生出了许多独立接受联邦资金的反贫困计划。

社区行动机构是向贫困宣战的基层公共管理组织，直接接受联邦援助资金并管理社区所有反贫困计划。它负责评估低

---

① *Economic Opportunity Act of 1964*, U. S. Government Printing Office, Washington, p. 4.

收入者的需要和资源，设计反贫困战略，申请财政资助。它管理的计划涉及出生以前的照顾、智力启动、家庭援助、工作培训、老年人服务等。它鼓励社区居民最大化参与，更加强调创造机会和提高个人利用机会的能力，它以穷人在社区机构中的影响力和低收入者取得的经济自立能力作为反贫困绩效评价标准。

社区行动计划的理论依据是奥赫林等“理论家和理想主义者”的机会理论和社区竞争理论。奥赫林等人从考察纽约等大城市青少年犯罪根源出发，认为社区内个人的生活态度和行为模式会影响整个社会，社区内出现的违法和犯罪是“对不能获得机会的回应”，社区社会必须重新规划。(Cloward and Ohlin，1960：211)社区竞争和机会理论者的原始动机是准政治的，他们希望通过动员穷人“最大化参与”到决策机构取得话语权，打破地方政治事务中穷人处于完全弱势地位的现状，取得政治平衡。(Levine，1970：55)他们同时也主张通过教育、职业培训等措施为年轻人提供更多机会，使他们在合法的条件下正当竞争。

机会理论批评现存的社会制度，认为青少年犯罪是由不公正的社会秩序造成的，只有体制上的改变才能终止青少年犯罪。社区竞争理论则认为现存的社区模式实际上是一种贫困文化，它假定健康的社区应该接受传统的中产阶级价值，并将其灌输到青少年的思想中。社区竞争理论指出，贫困社区自身应该对社区道德的丧失负责。它要求穷人控制社区，即授权社区建立自己的自治机构，通过机构“服务”来解决本社区内问题。

在福特基金资助下，奥赫林等在 20 世纪 50 年代末就把他们的理论进行了试验。在肯尼迪时期，他们的理论更是吸引了自由派的目光，他们开始设想把社区竞争和扩展机会作为解决贫困的办法，通过“青年动员局”将这种试验扩展和推广。1961年5月，在罗伯特·肯尼迪的支持下成立了“青少年犯罪总统委员会”。该机构联合福特基金对社区竞争和机会理论进行研究和推广试验，其最终结论是：反贫困运动更应该改变的是环境，而不是个人，教育和生存技能培训是解决贫民窟问题的关键。(Unger，1996：61－62)奥赫林的社区竞争和机会理论及其试验对“伟大社会”计划的影响很大，它为“伟大社会”的计划者提供了意识、理论和方法。1964年约翰逊在对国会的反贫困咨文中，用了大量篇幅介绍这个理论和计划设想。社区行动计划包括居民点服务、就业援助、教育、住房、居民点医疗中心、家庭、法律服务、“智力启动”、“上进计划”等。

从社区行动计划的理论依据和产生过程来看，它包含了三层含义：一是预算局的概念，强调效率和协作；二是奥赫林的“最大化参与”和机会扩展理论；三是自由派的“和平队”概念，即通过“选择性的社会服务”消除贫困。1964年11月25日，从经济机会局公布的第一个计划，到6月30日的财政年度结束只有半年时间，8亿美元的联邦授权拨款必须用完，对经济机会局来说是一个不小的任务，同时，自由派觉得社区行动计划进展太慢。所以施赖弗决定加快这个进程，由经济机会局发动一些国家强调计划。最初的国家强调计划有“智力启动”、“上进计划”①、“法律服务”、“美国志愿者服务队”。在大部分情况下，这

① 1965年春末，经济机会局宣布一个“向浪费天才开战”计划，从高中毕业班挑选贫困的、有前途的学生送到大学校园进行6—8周指导，在随后高中学年暑期补习班扩充他们的视野，增强他们对知识渴求的欲望，使他们高中毕业后能够充分接受高等教育。

些计划单独接受联邦资金资助，但是仍然接受社区行动机构管理，除了“智力启动”以外的所有社区行动计划都是由地方占有主动权，由地方自由支配经费。

随着时间的推移和社区行动计划暴露出来的问题的增加，计划的管理权斗争越来越激烈：首先，计划的设计不再完全根据社区的需要，或者弥补社区行动计划的不足，而是经济机会局、联邦各行政部门、国会议员们的政治斗争的产物，或者说更多的是“家乡计划”。其次，社区行动计划的多头管理造成了混乱，地方和基层社区行动机构希望将经济机会局和联邦各部门发起的所有反贫困计划归口管理、监督，但是国家强调计划的主管却拒绝这样的监督。最后，国会开始在计划设计和资金授权方面显示其权力，当部分社区行动计划在执行过程中产生了冲突的时候，国会进行单独授权，或把大量资金授权给了国家强调计划。到 1968 年，每 10 美元之中超过了 6 美元是分配到国家强调的计划和其他国家直接指导的计划。显然，地方的权力和主动性减少了。

因此，社区行动计划进行不久便遇到了来自地方的阻力。巴尔的摩共和党市长狄奥多尔·麦克尔丁抱怨社区行动计划完全不理解地方政府的困难。随后，克里夫兰、费城等市的市长也站出来附和，这些市长们抱怨最多的是穷人“最大化参与”带来的问题，而这个原则是经济机会法、经济机会局及社区行动机构的指导方针，是社区行动计划的实质性特征。黑人贫困人口集中的大都市的市长们担心穷人组织走向政治联合和暴力。在 1967 年夏季的纽瓦克骚乱中，该市的市长就指责地方社区行动机构——联合社区公司在骚乱中起到了推波助澜的作用。

国会议员也站出来指责社区行动机构的管理失误和穷人代表对地方事务的过度干预，要求增加对地方社区行动机构的控制。

1967年，奥克兰的民主党议员伊迪丝·格林在国会提出了经济机会法修正案，提出增加社区行动机构的地方选举官员，选举官员对社区行动计划负责；州和地方政府在它们的管辖范围之内对机构的选择有决定权，允许州或者地方政府指定一个公共或私人组织作为社区行动管理机构，如果它遵守法令要求，经济机会局就应该将它视为联邦资金的委托使用机构。格林的修正案还对社区行动机构的指导者委员会的组成做出了规定，委员会由三分之一的民选官员、三分之一的低收入者代表、三分之一的私人商务和非营利组织代表。修正案在当时引起了很大的争议，在一些人看来它破坏了穷人"最大化参与"的原则。尽管如此，社区行动计划仍然是最大的反贫困计划，1968年，经济机会局支撑着1 600个社区行动机构，覆盖了全国3 300个县中的2 300个。

随着社区行动计划自身导致的冲突和混乱增加，以及市长、州长、保守派对社区行动计划的抱怨和攻击越来越多，施赖弗和经济机会局越来越处于不利地位，越来越多的计划被委托给其他相关部门管理，有的计划甚至干脆被其他部门抢过去了，施赖弗和经济机会局在后期扮演的是协调者的角色。在地方也有相似的情况，在一些地区，新出现的机构被简单地分化为竞争者，有的社区机构则完全被取代。这样的发展态势并不是向贫困宣战的初衷，也没有起到真正的"战争"的作用，而是更多地把"向贫困宣战"引导到了"贫困计划"方向，最后只是导致了总统曾经谴责的"一系列不协调的和无关的努力"。到1967

表 2.3　1969 年 51 个城市的社区行动计划中的资金分布情况①

分类计划	资金利用比率
1. 服务：	78.1%
教育	28.6%
社会服务	25.4%
工作培训	12.8%
健康服务	5.7%
住房	2.5%
法律服务和青少年犯罪矫正	3.2%
2. 社区组织：	8.4%
卷入计划的组织	3.7%
居民中心的组织	3.0%
在贫民区进行社会福利改革的组织	1.7%
3. 其他社区行动：	13.5%
使用本土的志愿者	5.7%
使用本土的社区群体	3.0%
培训地方领导者	2.5%
其他	2.5%

年，约翰逊开始意识到了社区行动机构的不合适，因此他又推出了示范城市计划，主张用“城市示范机构”来取代城市的社区行动机构，以协调和统一城市的反贫困计划。

总之，“伟大社会”的设计是围绕着贫困人口的特征而进行的，框架设计总的指导思想是尽可能地改善贫困群体的政治、

① Kenneth Clark and Jearjnette Hopkms, *A Relevant War Against Poverty*, New York: Harpar & Row, 1969, pp. 64 - 65.

经济地位和文化水平，尽可能地恢复他们曾经被剥夺的(有经济的、政治的，有外因，也有内因)机会和权利，而不是采用现金补偿的方式。基于贫困文化的理论，政府认为现金仅仅会将穷人吸引到一种病态的生活方式中去。同样的，社区行动计划的设计也在试图突破假设的贫困文化，把计划的重心对准年轻人，尽可能地使他们加入到计划中来。1964 年的总统经济报告强调指出："每年 110 亿元的投入可以使所有的贫困家庭的收入都高于 3 000 美元，过上最低限度的体面生活。通过大多数人的税收，我们是能够找到解决少数贫困人口生存的办法的，但是，这不是我们的目的，这不会触及产生贫困的根源。美国人应该通过自己的努力使自己达到美国人的生活水平。更好，也是更加困难的办法是让穷人通过自己的努力生产出这 110 亿元，甚至更多。"①

2. 城市更新运动的延续：示范城开发计划

20 世纪 50 年代是美国城郊最兴盛的时代，大量城市人口涌向城郊。在郊区拥有一幢独立的住房、一个前院小花园和放着烤架的后花园，在林阴道上停放着一台或者两台小汽车——这是那个时代绝大部分中产阶级家庭的"美国梦"。城市人对郊区生活方式的追求导致美国 60 年代的过度郊区化，对母城(mother city)，即中心城市影响很大，导致了日益严重的城市危机。示范城市运动就是对这些问题的回应，它是为

① *The Economic Report of the President 1964*, United States Government Printing Office, Washington, D. C., p. 47.

了达到约翰逊“人类城市不仅满足身体和商业的需要，而且满足美的欲望和社交渴求的地方”的“伟大社会”城市发展目标而做出的一种努力，它代表了“伟大社会”改革运动后 2 年的主要立法成就。

战后初期是美国历史上郊区化发展最迅速的时期，大萧条和二战时期积累起来的住宅需求在战后迸发出来。年轻人要组建家庭，原来的家庭要搬迁新居，于是郊区呈爆炸式蔓延。20 世纪 50 年代，郊区人口增长了 48.6%，几乎是同期中心城区人口增长率的 5 倍(Judd,1979：139)，表现出过度郊区化的特征。

过度郊区化带来了许多社会问题。这首先表现为中心城区人口的减少和经济衰退。在美国历史上，大城市孕育了北美工业革命，使美国在 19 世纪末、20 世纪初成为世界上最强大的工业国家。但随着科技进步，美国经济在战后开始由工业经济向服务经济转型，城市功能也随之变化。城市逐步从产品加工中心转变为服务和信息处理中心，大批产业开始由内城转移到郊区，商业、服务业、办公业开始向郊区流动。尽管同时也有大量的移民进入城市，但从 20 世纪 50 年代开始，美国的一些大城市中心区仍然出现了人口减少的现象，尤其是传统工业城市最为严重。比如，数据显示，从 1950—1970 年，底特律中心城区人口减少 24.5%，波士顿减少将近 20%，芝加哥减少 7.3%。(Ray,1999：5)

其次，中心城区财政出现贫困化。对城市来说，郊区化就如同一个过滤的过程，流向郊区的是白人富裕阶层和中产阶级，留下来的多数都是贫困人口，并且不断地还有贫困人口涌向城市。由于城市居民和企业的财产税是城市财政收入的主要来源，富人向郊区的迁移必然削弱中心城区的税收基础，贫困人口的集中却增加了中心城区的社会福利负担。例如，1970年的统计数字显示，12个最大的中心城区的人口只占全国人口的12%，却支付了全国40%的地方性医疗和福利开支。巴尔的摩市区人口只占马里兰州人口的27%，但其接受福利救济的人口却占该州的66%。波士顿市的人口占马萨诸塞州的14%，但该市领取福利救济的人口数占32%。(Abbott，1987：129)另外，都市区还面临着城市基础设施因为老化而需要维修、更新等问题。1967年，美国政府间关系咨询委员会的一份报告指出："大都市的城区正处于不断深陷的财政危机的阵痛中。一方面，由于'高负担'居民的不断增加导致其财政开支急遽增长；另一方面，它们的税源在递减，这是中等收入家庭及企业公司从中心城区向郊区不断外迁的一种反映。"(Downs，1973：38)

最后，中心城区的贫困人口陷入了生存困境。一方面，郊区化的过滤使城区财政困难，导致那些急需社会救济的人缺少保障，他们如同生活在贫困的孤岛中，城区的贫困呈现恶性循环的趋势；另一方面，过度郊区化导致贫民的集中，产生的负溢出效应加剧了城市贫困。"掉队的贫民"集中在城区，他们的"惰性"和不良行为迅速传染，从而产生了"危机的聚集效应"。这些地方的破坏行为增多，合格的就业人员减少，商业公司纷纷逃离；社会精英的离去使这里的人更加缺少政治渠道获得政府的帮助；这里的居民情绪沮丧，缺乏进取精神和上进心，而犯罪、吸毒、家庭破裂等彼此传染，形成恶性循环。中心城区的贫民窟成为美国社会问题"顽固的核心"。

二战后，美国的中心城区出现了诸如环境衰败、贫民窟蔓延、种族对抗加剧、犯罪人口群体和地点集中、犯罪率居高不下等危机。联邦政府试图改变这种状况，1949 年通过的《住房法案》授权地方政府可以征用大片土地用于成片开发，以消除萧条的住宅区和衰败的工厂区。法案授权联邦政府在 1950—1954 年拿出 5 亿美元资金用于这类开发。每一个城市都设立独立的地方开发机构具体负责，它们利用联邦政府提供的资金以市场价格购买贫民窟地产，将其清理之后，以降低至和郊区地产一致的价格出售给私人开发商，用于为低收入家庭建房，法案计划在 4 年内建设 50 万套低价住房。（Andrew，1998：131）

住房法颁布之后，美国兴起了城市更新运动。运动发起者试图一劳永逸地解决城市问题，大批旧房子被拆除，贫民窟被铲平。然而。在这些地皮上矗立起来的并不是适合穷人居住的廉价住房，更多的是高速公路、高档写字楼和商业区。因为，对于开发商来说，开发高档写字楼和商业区的利润远远高于为低收入者修房。据统计，在 20 世纪 50 年代，城市更新每毁坏低收入家庭四个住房单元，只重建了一个住房单元；而且地方政府给贫民区居民的拆迁补偿费标准被一再压低，大部分拆迁户无力购买住房，他们只好又搬到另外一个廉价的穷人聚居区。所以，许多城市规划者认为美国的城市更新运动与其说是城市获得新生，还不如说它在毁坏城市；社会学者认为这次城市更新和清理贫民窟的主要结果之一是“黑人问题搬家，第二批黑人聚居区产生了”（王旭，2000：241）。

通过城市更新运动来改造城市社会结构的行动失败了，随着时间的推移和城区矛盾的积累，到 20 世纪 60 年代中期，城市危机日益严重。1966 年后，“伟大社会”的许多改革计划遇到了挫折，约翰逊需要开辟新的领域，城市自然成为“伟大社会”改革的合适的战略转移地。约翰逊的“伟大社会”改革前期主要是对一些普遍权利的追求，虽然取得了一些进步，但这些进步就像是双刃剑，特别是黑人平等权利意识的加强使他们开始挑战现存的白人权利结构和既得利益群体。当“伟大社会”改革计划中的一些美好承诺在现实中遇到阻力的时候，黑人开始以暴力为武器进行反抗。瓦茨暴乱是美国 60 年代城市骚乱的开始，这场骚乱的种子实际上在 50 年代出现的城市危机中就已经埋下了，只是在“伟大社会”改革的风暴下，在约翰逊的承诺中，黑人的激情在无形中被煽动起来，生活在“黑白两重天”的城市贫民窟的黑人勇敢地站出来表达他们的不满和反抗。

随着社区行动计划自身导致的冲突和混乱增加，以及市长、州长、保守派对社区行动计划的抱怨和攻击越来越多，约翰逊开始考虑转移“伟大社会”改革的主阵地，瓦茨暴乱将约翰逊和民众的目光吸引到了示范城市建设上。这种改革的变化主要有三个原因。

首先，从 20 世纪 50 年代开始的城市更新和城市治理并没有取得实质性成效，城市骚乱者把城市描述为种族偏见、肮脏、剥削和失业的集中地，加上质量低劣的建筑物和老鼠成灾的帐篷，折射出了城市社会公共机构的失败，城市贫民窟的种族对抗和城市衰败威胁着国家和社会稳定，城市环境正在成为随时都有可能爆炸的火药桶，“示范城市计划是对贫民窟暴力的回应”。(Harr，1975：80)其次，马丁·路德·金等民权领袖在 1965 年争取选举权立法取得胜利之后，开始把工作的重心转移到中心城市，为城市穷人和少数民族争取经济平等权，他们对政府的住房和城市政策提出了更多批评意见；自由左派也公开指责“伟大社会”计划的吝啬和政府在城市问题上的胆怯。再次，约翰逊需要一个更加全面、容易获得支持的计划来取代社区行动计划，重新阐释“伟大社会”改革精神，示范城市计划是一个合适的替代品，约翰逊用它来协调和统一城市的反贫困计划。所以，约翰逊将“伟大社会”改革阵地转移到了中心城市，推出了示范城市计划。

示范城市的设想出自于美国联合汽车工人工会主席瓦尔特·鲁瑟，他是底特律的工会领袖，也是一个社会运动的理想主义者。1965 年 5 月，鲁瑟向总统建议就城市贫困和环境问题建立示范性研究基地，其指导思想是重建美国的贫民区，将城市变成这个国家的精华。鲁瑟的建议引起了约翰逊的高度重视。1965 年 9 月，约翰逊成立了由马萨诸塞州政治学家罗伯特·沃德为组长的城市问题专门小组，广泛召集商人、联邦政府和城市官员、民权领袖、学者来设计一个宏伟的城市计划。1965 年 10 月，专家小组提交了他们的报告，要求在全国范围内选择 66 个不同类型城市推行试验计划，具体包括：6 个人口在 50 万以上的城市，10 个 25 万—50 万人口的城市，50 个 25 万以下人口的城市，联邦在 6 年内拨款 23 亿美元用于这些示范城市的建设。（Harr，1975：74）

在 1966 年的国情咨文中，约翰逊正式将上述报告作为示范城市计划递交给国会。总统请求将 1966 年确定为“美国城市重获生命年”，并警告，如果没有一个新的城市计划，美国将会完全陷入两种人的危险对抗中，即城郊的富人和城市的穷人。6 年时间23亿美元的拨款计划对市长和地方利益集团而言是一个巨大的诱惑,加上1966年夏天接连不断的城市骚乱和“黑人权力”力量的崛起,给美国国会施加了巨大的压力,1966年11月3日,约翰逊在白宫签署了示范城市和大都市法。法案的第一部分是最主要内容,提出了详尽、全面的示范城市计划,其中,在财政资金来源上,主要由联邦政府拨款80%,地方政府提供20%的配套资金。(Abbott,1987:122)从内容上看,法案对每一个计划都有一系列详细标准,每一项计划都是一个全面的城市改造和建设计划,主要针对城市贫民窟问题、城市衰败以及随之而来的自然和社会问题,最终目的是彻底改造城市环境。除此之外,法案的其他部分还强调了加强大都市外围地区的改造;为退伍军人扩大住房贷款抵押保险,为新城镇和社区开发商提供保险,保护历史遗址和古建筑,更多地建设中低档住房等重要内容。当社区行动和其他计划遇到阻力之后,《大都市和示范城市法》成为这个阶段改革的纲领性法规,约翰逊希望通过这个计划来追求他在密歇根大学演讲中所承诺的“城市文明社会”的目标。

法案通过之后,联邦政府开始挑选示范城市,并对其所申请的建设计划进行资助。为了保证援助效果,联邦政府对示范计划的规模有一定限制,小城市计划集中在1.5万人以下的社区,大城市计划主要针对其总人口的10%。第一批计划在1969年初结束,第二批城市在1969年下半年开始接受联邦政府资助。到1972年,这个计划共遴选了150个示范城市,计划年均预算拨款3.9亿美元,占住房和城市发展部预算经费的15%。(Carl Abbott,1987:124)

表 2.4　1971 年示范城市计划的资金使用情况①

示范城开发分类计划	资金利用比率(%)
教育	20
健康	11
环境保护和发展(包括城市复兴)	17
住房改造	16
人力资源开发和工作发展	6
联合的社会服务	6
经济和商业发展	5
犯罪防治(包括防治青少年犯罪)	4
文化娱乐	5
公民参与	0.8
交通和通讯	1
重新安置	0.4
评估和信息	0.8
计划管理	7

示范城市计划将注意力集中在改造城市生活中的阴暗部分。约翰逊的选择就像"伟大社会"改革的其他计划一样,过于自信、理想化,过多地给予承诺。本质上,种族冲突、街道犯罪、交通拥挤、郊区和中心城区的发展矛盾、贫民窟现象等城市危机的种子早在 20 世纪 60 年代以前就已经埋下了,积重难返。约翰逊肤浅地认为繁荣的经济可以解决这些问题,但他没有想

① *Model Cities: A Report on Progress*, Model Cities Service Center, Washington, D.C.: Government Printing Office, 1971, pp. 41 - 76.

到经济的繁荣难以持续。约翰逊设想用政治权力保障选择示范计划，然后推而广之。然而，约翰逊在此时的政治权力已呈衰微之势，示范计划成为政治权力的牺牲品。由于各种矛盾和困难，经过 5 年的运转，示范城市计划并没有实质性进展。1971 年 1 月，尼克松政府宣布成立城市事务委员会，变分类拨款方式为联邦对市政府的一揽子拨款，由市政府自主解决各类城市问题，联邦政府不再负有监督之责任。其实，尼克松的新联邦主义和里根的新保守主义城市政策未必能够彻底解决城市问题，同样的，他们在解决了城市发展中的某些问题的同时，又产生了新问题，不会有任何一个完整的计划能够解决所有的城市问题。

第三章 后福利国家建设下的大都市化

20世纪70年代，美国经济进入滞胀期，罗斯福新政后所建立起来的福利国家体系在财政上陷入危机。"福利国家"的危机最终导致了对福利经济制度的改革。从1972年10月22日尼克松总统签署"岁入分享"法案，宣布联邦政府不再直接干预城市更新事务，到1981年，里根政府干脆取消联邦政府对城市发展的干预，强调市场效率的新自由主义再度登上美国经济社会发展的舞台，美国等西方发达国家开始了所谓的"后福利国家"建设。在此背景下，美国的城市发展战略和手段也发生了显著转变，其中最显著的特征就是以社会组织为代表的社会力量开始介入城市经济社会的发展，并发挥着越来越重要的作用。在传统的政府和市场两股主导力量之外，出现了由社会力量参与的"第三条道路"。

里根上台后，与英国撒切尔拆散英国福利国家的改革遥相呼应，开始了其在美国的新自由主义施政之旅。在以信息技术革命为代表的第三次科技革命的影响下，全球化浪潮兴起，崇尚市场理念的新自由主义在国际舞台上找到了广阔的市场。在克林顿总统信息高速公路计划的推动下，美国高新技术产业发展壮大,美国实现了产业结构升级与经济结构的调整,使其在全球化分工体系中占据了重要的地位。高端研发和服务业成为美国城市经济的支撑。在此背景下,美国国际大都市发展起来。

一、福利国家的危机

《1935年社会保障法》奠定了美国现代社会福利保障制度的基础。然而,经过30多年的发展,其弊端也日益显露,特别是家庭福利体制内存在的弊端更加突出,主要表现在以下几方面。(李桂秋,2007：8－10)

第一,福利人数及福利支出不断攀升。1960年全美接受福利的人数为300万,1965年上升为430万,1970年又上升到840万。家庭福利领域亦是如此,1940年,接受家庭福利救济的儿童占全国儿童的2%,至1962年,这个比例翻了一番,达到4%,至1970年又上升至8%。福利人数的增加意味着福利费用的攀升。“1960年到1969年,补贴有未成年子女需要抚养的家庭的福利开支增加了近三倍。在1964年到1969年之间,为了消灭贫困与不平等,联邦政府共花掉了2 500多亿美元。”(理查德·尼克松,1987：456)接受福利的人数特别是接受家庭福利人数逐年增加,主要原因在于60年代尤其是约翰逊政府的“向贫困开战”,使得人们的福利观念发生变化。接受福利不再是一件羞耻的事情,相反,它成为人们的一种应享权利(entitlement)。当时的福利工作者、律师的主要职责就是帮助人们获取福利救济金。另外，受农业机械化以及农业产量控制计划的影响，一些南方黑人和农村的贫困人口纷纷来到经济发达、就业机会较多的北部。但是，他们中的绝大多数文化水平不高，职业技能较低，而机械化又使得技术含量较低的工作岗位大大减少，导致他们的工资收入远远少于参加家庭福利所获得的救济金，这激发了这一群体中的大部分人参加到家庭福利计划中。

第二，家庭福利领域存在多种不公平现象。首先，各州福利水平不统一。当时的福利机制是各州自主确定福利保障线，上报联邦一级政府后，由联邦政府再按照一定比例拨付相应的配套补助金。这导致经济状况好的州，福利水平高，经济状况差的州，福利水平低，而且这种差别极为悬殊。1965 年，在纽约州参加"对依附性子女的家庭援助计划"(*Aid to Families with Dependent Children*，以下简称 AFDC)的家庭平均每月可获得 197 美元的补助金，而密西西比州参加 AFDC 的家庭平均每月只能获得 33 美元的补助，还不到纽约州的五分之一。各州福利保障水平的悬殊差别刺激了贫困州的贫困群体大量涌入较为富裕的州。他们的到来给富裕州带来诸多社会问题，并增加了这些州的财政负担。很多州不堪经济压力，积极呼吁改革福利体制，尤其是家庭福利机制的改革。其次，福利救济对象的不公平性。社会保障法规定家庭福利救济的对象是女性户主家庭及其子女，并未涉及有工作但其收入水平却在最低水平线之下的女性户主家庭以及有父亲的贫困家庭。这种不公平性造成对有工作群体的歧视和不公正。一些人放弃低收入的工作，成为失业者，一些父亲则有意离家出走，导致家庭分裂，以达到参加福利计划的目的。家庭分裂不仅是道德问题,也是严重的社会问题,是引起社会不稳定的重要因素。

第三,就业与福利的矛盾。社会保障制度设立的最终目的是保障社会上每个人的生存能力,而不是养成人们的福利依赖心理。20 世纪 60 年代的福利保障制度在客观上刺激了那些参加就业的群体放弃工作,参加到福利保障中来,使得福利领域中就业与福利的矛盾更加突出。如何协调好这一矛盾是约翰逊政府一直关注的焦点。政府政策的参与者、制定者、决策人都在努力寻求化解两者矛盾的良方。为了鼓励参加福利的母亲就业,约翰逊政府出台了《1967 年社会保障法修正案》试图以经济刺激的办法鼓励就业。修正案出台之前,享受福利的母亲参加工作,她的工资收入将在福利补助金中扣除,造成参加福利计划的母亲在参加工作后不会带来总收入的增加,这无疑挫伤了她们的就业积极性。《1967 年社会保障法修正案》规定,对参加工作的福利母亲每月工资所得扣除 30 美元后剩余部分的三分之二征税。法案规定参加工作所带来的支出,将在福利补助金中给予补偿。但是,法案并未规定对这部分支出给予补助的最高限额,因此,参加工作的福利母亲的实际收入仍然会高于有工作而未参加福利母亲的收入,由此,《1967 年社会保障法修正案》并未解决福利与就业的矛盾。家庭福利改革经过不断的修正,也曾将失业父亲涵盖其中,1961 年肯尼迪政府推出对有失业父亲的依附性子女家庭援助(*Aid to Family with Dependent Children of Unemployed Fathers*,简称 AFDC-UF),该计划最初作为一项紧急措施提出,时间为 1 年,到 1967 年,约翰逊政府将其扩大,成为一项长期的措施。但是,这样的举措仍没有解决那些低收入的工作群体的生活保障问题，不能够阻止这部分群体自动放弃工作或离家出走而使自己及家庭具备参加福利保障的资格。

二、尼克松新联邦主义与美国城市政策的变轨

新联邦主义最初是由共和党政府在 20 世纪 70 年代提出来的，代表事件有 1972 年通过的州和地方财政援助法，以及 1974 年通过的社区发展一揽子援助法。其核心内容是停止联邦城市发展计划，代之以分散的社区发展计划和共享收入。事实上，从 1966 年《示范城市法》开始，联邦城市政策已经逐步将城市的改造重点放到了贫困社区，所采用的方式也是从以前单纯的拆迁改变为综合治理，从而，为之后 70 年代全面铺开的社区开发奠定了基础。1974 年《住房与社区开发法》正式取代示范城市计划。社区开发计划开始主要面对中低收入的贫困群体，提供社区开发基金，投入到社区建设。值得注意的是，该法还明确要求每个社区要有“公民参与”，尤其是中低收入者的参与。1978 年民主党政府宣布了新的城市政策，提出建立一个新的合作关系来促进美国社会和私人发展。到了 1981 年，里根政府干脆强调取消政府干预，以后的历届政府继续执行里根的城市政策。这些变化一方面可以理解为政府角色消极化，另一方面，因为有了之前以社区为城市复兴单位的理念传播，社区开始在内部

自发产生自下而上的“自愿式更新”[1]。

在新联邦主义的一系列城市发展措施下，社区在城市政策中的地位提升，公民组织也得到了不断发展的政策平台，城市社区治理网络逐渐形成。自20世纪以来，大都市区(metropolitan area)的治理中政府管辖权威分割有无裨益一直是争论的重点。虽然大政府与小政府的效率与经济发展孰优孰劣难以定论，但是大城市中存在着多种利益群体，故而统一的服务标准难以达到却是一个事实，加上种族隔离、中产阶级与穷人居住区显然不同的公共服务需要，让基于整个城市发展的政策行为很容易就陷入了“大而无效”的困境。自20世纪70年代以来，美国城市社区形成了大量邻里基础上的基层自愿性组织，冲击着“一个社区，一个政府”的理论[2]，也提升了社会组织在与城市改造与城市发展中的作用。许多地方在不同邻里区建立了“小市政厅”，或者引入了以邻里为基础的咨询委员会，来为有关土地划分和使用等邻里最关心问题的决策提供帮助。公共选择

① 自愿式更新，是指社区里长大的第二、第三代人，不再满足于对规划提出修改意见，要求直接参与规划的全部过程，希望由自己来决策如何利用政府的补贴和金融机构的资金。这些人有一定的经济实力，接受过教育，渴望改善原有的居住条件，同时又希望保护社区文化以获得个人认同。他们的“社区规划”通常规模较小，以改善环境、创造就业机会、促进邻里和睦为主要目标。参见方可：《西方城市更新的发展历程及其启示》，《城市规划汇刊》1998年第1期。

② “一个社区，一个政府”，是在一个大城市区就是一个单一的完整社区假设之上，社区内的相关个体组成的群体分享着一组共同利益，而这些共同利益将他们紧密地结合成一个单一社区；再假设只有一个单一的政府能整合这些利益。根据这个理论，正是各种地方政府单位的“割据”(Balkanization)阻碍了大城市社区自我实现的能力。参见：文森特·奥斯特罗姆、罗伯特·比什、埃利诺·安斯特罗姆：《美国地方政府治理》，北京大学出版社，2004年，第64－65页。

理论和社区控制论的发展为治理网络提供理论依据和实践指导,20 世纪的最后 20 年,城市改造开始转向小规模的、分阶段的、主要由社区自己组织的谨慎渐进式改善模式。包括《住房与社区开发法》在内的联邦法案签署施行,提供竞争性的社区开发基金[①]等,为社区的良性有序发展提供了制度保障。

三、克林顿“再造政府”改革下的城市发展

20 世纪 90 年代,克林顿总统在两届政府任内,对联邦政府进行了长达 8 年的行政管理改革。克林顿政府改革,一方面间接受当时企业界的“再造企业”(Reengineering the Corporation)运动的影响,另一方面直接受当时公共管理机构所提出的“再造政府”(Reinventing Government)理论的启发。

(一) 中心城市从衰落到复兴

20 世纪 70 年代,美国很多中心城市遭受了 20 世纪以来最严酷的考验。70 年代郊区的繁荣不仅造成城市中心区的人口大量流失,也导致制造业和零售业外流,随之而来的是城市政府收入急剧萎缩、财政日益拮据,许多城市不得不靠举债维持

---

① 《住房与社区开发法》规定,“市中心区的联盟不能再得到为他们想要的计划预先指定的资金了。他们主要的在财政预算之外的主要资源没有了,现在他们要与其他城市和社区竞争去分享每年的社区开发基金”。

财政支出。雪上加霜的是，石油危机导致美国发生严重的经济“滞胀”，联邦政府开始缩减对地方的财政支出，这使中心城市财政进一步恶化。此种情况下，20 世纪 70 年代以来，联邦政府试图从繁琐的城市事务中解脱出来，同时为地方政府提供有一定自主权的拨款，并逐渐将包袱和责任转嫁给地方，因而，需要庞大资金支撑的长期城市更新项目不再受欢迎。如前所述，尼克松时期，联邦政府取消了“示范城市计划”，转而实行规模较小，以改善环境、创造就业机会和促进邻里关系为主要目标的“社区开发计划”。自此，城市更新逐渐由政府主导转向公、私、社区力量三方伙伴关系为导向的小规模社区改造，为 80 年代以后的城市更新实践提供了方向和理论基础。

20 世纪 70 年代美国中心城市的困境集中体现在贫困问题上。（刘敏，2006）郊区化带来的中心城市人口和产业的持续流失，导致中心城市贫困人群聚集。1970 年美国大都市区 43％的居民和 55％的就业机会集中在中心城市，1980 年这两个数据分别下降到 40％和 50％，1993 年更是降至 33％和 40％。（梁茂信，2001：121）大量富裕的中产阶级迁往郊区的同时，贫困人口在中心城市聚集。据统计，2003 年美国中心城市的贫困率为 17.5％，郊区贫困率为 9.1％。中心城市少数民族人口的贫困率高达 25％以上（亚裔除外）。中心城市与郊区的贫富差距也很大，2003 年中心城市居民中等家庭收入仅相当于郊区的 72％。（刘敏，2006）

由于大量中产阶级转移到郊区，贫困人口日益集中到城市中心，中心城市在丧失了大量税收基础的同时，却还要负担越来越多的社会福利、健康和教育等方面的开支。这种反差使得中心城市在财政上日益入不敷出。20 世纪 70 年代美国爆发了一场震撼许多中心城市的财政危机。但是郊区对此无动于衷，郊区选民往往从自身利益考虑，反对增加税收的立法。而这类立法对于急需增加财政收入以应付福利开支和投资基础建设的中心城市来说至关重要。70 年代末期，迁居到郊区的中、高收入群体以压倒多数的投票通过了加利福尼亚州第 13 号议案，将州的财产税削减了 60%（在美国，财产税是城市公共财政的基础）。大部分投票者反对政府对穷人补贴的增长，2/3 的人认为福利开支应该被砍掉。（Mitchell-Weaver、Miller and Deal，2000：863）郊区的不合作态度，限制了中心城市改善基础设施，提供公共服务的能力，而这些措施对于振兴城市中心的经济，解决贫困问题至关重要。

中心城市日益严重的社会问题，尤其表现在贫困人口聚居的社区中。由于租金昂贵，这类社区往往居住密度极高、生活设施奇缺、环境卫生恶劣，社区居民陷入居住隔离、教育隔离和就业隔离互为因果的恶性循环之中。城市中衰败建筑物增多，造成一种潜在的无序和失去控制的状态，也极容易诱发犯罪。中心城市的高失业率导致以各种非法活动为核心的“地下经济”泛滥，带来了大量的犯罪行为。由于生活的每况愈下和日益孤立隔绝的环境，中心城市种族之间的紧张关系也有增无减。贫困社区中种族冲突时有发生，20 世纪 60 年代和 90 年代的洛杉矶骚乱甚至演变成大规模种族冲突。城市环境恶化、社会问题横生、贫困和犯罪的集聚，使得城市对投资和高收入阶层的吸引力减退，加深了城市的困境。

面对严峻的形势，中心城市并不甘心坐以待毙，而是开始寻求摆脱危机的对策。要摆脱困境必须从两方面着手：一是吸引中、高收入者和经济活动重回城市，改变城市的贫困面貌；二是必须正视贫民区贫困群体的需要，改善他们的社会经济状况。为此，中心城市采取了两个对策：一是发展地区经济，重点是中心商业区(Central Business District，简称 CBD)的发展，二是社区发展，重点关注贫穷群体的发展。20 世纪 80 年代，美国中心城市 CBD 发展十分迅速。老中心城市的核心区修建了大量新的写字楼。据统计，从 1980 年到 1984 年，全美 33 个最大都市区的中心城市修建的办公空间比过去 30 年中任何一年都多。甚至在那些最萧条的城市如纽瓦克，处处是许多年来第一次修建的新商业区建筑。随着办公楼的发展，新的饭店、零售中心、会议中心和文化设施也修建起来。(Teitz，1997：782－785)

中心城市在社区发展方面也做出了许多的努力，包括建立社区发展组织，提供就业培训、住房援助、福利救济、社区自治等多方面内容。例如，芝加哥 1976 年开始的援助住房项目就是一个比较成功的例子。这是一个提供完善的再迁居咨询，帮助黑人迁居到黑人集中程度低的社区的项目。它帮助迁居户评估其需求和位置适宜的住房，参与户被要求迁入黑人住户少于 30%的社区。迁居带来了就业参与率的提高、子女教育和就业前景的改善。这种致力于消除居住隔离的项目当时被许多美国城市采用。

(二) 新城市主义与精明增长理念的兴起

自 1950 年以来，美国郊区化的大规模发展使城市用地不断扩张，进而产生交通阻塞、环境污染、侵占农田、传统社区文化丧失等一系列问题。城市规模的不断扩大要求城市公共设施、市政设施、环境设施等不断向外延伸，这使地方政府的开支日益增多，很大程度上加重了政府的财政负担。至20世纪90年代，这些问题得到前所未有的关注，政府、城市规划设计者、环保机构等发起了一系列运动来阻止这种蔓延，提出了诸如可持续性社区、新城市主义、绿色城市主义、精明增长、绿色开发等新的发展理念，其中新城市主义和精明增长思想的影响最为显著。（王丹、王士君，2007）

新城市主义的核心思想是主张把二战前美国城市设计的理念与现代环保、节能的设计原理结合起来，建造具有人文关怀、用地集约、适合步行的居住环境。新城市主义以城市宪章的形式提出27条原则，从区域、都市区、城市，邻里、分区、交通走廊，街区、街道、建筑物三个层次对城市规划设计与开发的理念给予阐述。尤其是邻里、分区与交通走廊这一层次，对城市规划和设计进行了详细的说明，包括建立紧凑的、适合步行的邻里，日常活动布置在步行范围内，提供适合不同年龄、种族、收入水平的住宅类型，合理配置轨道交通等。新城市主义宪章融入了两个新的特性，即经济多元性及区域性，使城市规划和设计突破了传统的形体设计领域。新城市主义强调不同收入水平、不同种族的人对住宅的支付能力。这需要邻里内既包括较昂贵的单体住宅，又包括较廉价的公寓；既能为购房者提供住宅，又保证租房者能租赁到房屋。同时，新城市主义还强调各种收入阶层的住宅混合布置，以此解决原有的贵族化(Gentrification)问题和贫困及犯罪问题。对于区域性，除了提出税收公平及住宅多样化之外，新城市主义还主张划定都市增长区，也就是指出增长应该出现的位置及如何与区域整体融合在一起。总体上看，新城市主义注重经济、社会及社区特性，但对于环境问题考虑得不多。

关于精明增长，美国规划协会对其定义是：“精明增长是旨在促进地方归属感、自然文化资源保护、开发成本和利益公平分布的社区规划、社区设计、社区开发和社区复兴。通过提供多种交通方式、多种就业、多样住宅，精明增长能够促进近期和远期的生态完整性、提高生活质量。”（王丹、王士君，2007）精明增长理念与新城市主义有许多重叠，例如土地的混合利用，采用集约型建筑设计，住房多样化，创建宜步行社区，培育具有强烈地方特色的社区，保护公共用地、农用地、自然美和环境敏感区，提倡多样化的交通工具，使开发决策更易于预测、更公平、更节省成本，鼓励社区和利益相关者合作等。但与新城市主义相比，精明增长对环境问题考虑得更多。

新城市主义发展理念的实现主要通过市场的运作，从规划设计到实施都十分注重与市场的结合，这种结合表现在两个方面。首先在理念上，面对多种城市问题，新城市主义只是为居民提供一种新型的工作和居住方式，居民有权利去选择究竟是否要在这样的社区中生活。这一点对于崇尚自由、反对政府通过严格的土地利用法规对其居住地进行控制的美国人是十分重要的。其次在规划设计中，新城市主义注重建筑的价值和销售。一方面使不同的收入阶层都能支付得起住房费用，另一方面从形体设计的角度使住房外表美观、舒适、实用。新城市主义实践一定要把传统步行邻里与当代的居住、商业、交通紧密融合，维持二者的平衡，从而有能力与原有的郊区开发模式竞争。事实上，新城市主义在市场上也获得了很大成功。调查显示，美国有2/3的人愿意购买采用新城市主义理念设计的住房。（Hirschhorn and Souza，2001）

精明增长发展观主要是通过政府的引导性、限制性政策法规实现。从原则上看，精明增长和新城市主义似乎差别不大，但原则并不能反应精明增长组织进行的活动与采取的策略。与新城市主义及类似的城市增长管理运动、可持续发展相比较，精明增长具有四个特征。第一，有鼓励性政策促进其实施。例如，根据《马里兰州精明增长法案》，一个城市可以蔓延至任何地方，但只有在州政府希望开发的区域内，州政府才会提供财政支持；地产拥有人有权不清理自己拥有的地产或者不再对自己的弃置地再开发，但州政府为清理和再开发提供津贴；居民有权利在任何地方生活，但政府为那些在工作地附近购买房屋的人提供补助等。第二，号召法规政策革新。精明增长是对传统土地利用准则的革新，因而其实施在很大程度上需要对原有的区划法、土地细分规章、综合规划进行革新，这也是精明增长与其他运动的区别之一。例如在马里兰州，虽然州规划部为实现精明增长创立了一套新的规程，但土地利用仍需要接受州内原有的综合规划和区划法的管理。第三，呼吁机构改革。机构改革虽然不是精明增长的重点，但精明增长呼吁州政府和区域政府加入到土地利用决策中来。《精明增长立法指南》不仅提出建立州级规划机构、州域规划、州政府对土地利用进行控制等，还提出建立区域规划的专门机构。第四，土地利用政策和交通政策的融合。在美国，交通政策和土地政策的结合虽然始于20世纪 50 年代，但精明增长运动使二者紧密地交织在一起。精明增长十项原则中的两项都把交通方式与土地利用作为核心。也正是由于精明增长运动，在美国，任何高速公路和轨道交通的修建都会引起公众关注。（王丹、王士君，2007）

精明增长促进者和新城市主义的促进者分别建立起成熟的组织机构网络体系，各自的组织机构拥有不同的资金来源。对于精明增长，最有影响力的组织是“美国精明增长协会”（Smart Growth America）；对于新城市主义，最有影响力的组织是“新城市主义协会”（Congress for New Urbanism）。美国精明增长协会成立于 2000 年，是一个旨在促使城市更好地增长的全国性联合会，这种更好的增长方式的内涵包括：保护农田和空地，复兴传统的邻里，让人们买得起住房，提供更多的出行交通方式。美国精明增长协会与美国政府许多高层机构关系密切，如“参议院精明增长工作组”、“住宅可持续开发领导小组”、“国会宜居社区工作组”等，并在多个高层项目中发挥过重要的作用。2002 年美国精明增长协会成立了一个分支机构“精明增长领导研究所”，由 EPA 资助，为多个城市提供精明增长的技术支持。

1993 年，一群致力于创建“既能保护自然环境，又能为居民提供高质量生活的建筑、邻里、区域”的设计师发起成立了新城市主义协会。同年，新城市主义协会召开第一次会议，当时吸引 100 多人参加。之后每年召开一次年会。发展到今天，新城市主义协会已在 20 个国家、美国 49 个州拥有 2 300 多个成员。而且目前已完成和在建的新城市主义项目达 210 多个。此外，新城市主义协会还是精明增长协会的组成成员之一。

(三) 区域主义复兴与大都区治理

20 世纪 90 年代初，面对长期困扰美国大都市地区的经济社会问题，以及全球经济竞争的挑战，区域主义的主张在消沉近 20 年之后，重新活跃起来。1992 年美国总统大选，郊区选民首次占据了多数，民主党候选人比尔·克林顿也因为得到郊区的支持而当选。这意味着中心城市不可能像以前那样，以政治支持去换取联邦政府对城市问题的关注和援助。至此，继人口、产业郊区化之后，政治权力的郊区化也得以完成，这标志着中心城市称雄天下的时代寿终正寝。昔日处于依附地位的郊区已经成为美国政治生活和经济生活的主要舞台。这样，联邦政府传统城市政策的两大支柱——自由主义倾向和谋求城市选民有效的政治支持——已经瓦解，城市政策的倡导者开始寻求城市与郊区的共同发展，区域主义理论及其政策主张再次受到美国社会的普遍关注。(梁茂信，2002：221)

1992—1994 年间，一批影响巨大的区域主义论文与著作相继面世，给大都市区问题的治理提供了新的思路，为在整个大都市区的范围寻求城市问题的解决之道，促进城市与郊区的共同繁荣建言献策，对美国城市事务产生了深远的影响。这种新区域主义的核心特征，是以政府与公民社会之间的合作(Collaboration)，代替被历史证明未被广泛接受的以政府为主体的协作(Cooperation)，即以侧重功能性的过程治理代替结构性的政府改革。(Wallis，1994)

区域主义是对美国 20 世纪城市化进程的一种反应。当城市化脱离了工业化时代以中心城市为主导的发展模式，进入郊区化时代之后，即在人口不断地向越来越远的郊区低密度地迁移与扩散，并伴随着彼此分隔与独立的地方政府以“碎片化”的方式进行数量扩张之际，大都市区面临了日益严峻的发展问题。首先，为了给大量分散的人口提供有效的公共服务，整个大都市区承担了昂贵的发展成本。人口越分散，公共服务的边际成本就越高。因此，如何在大都市区的范围内，提供低成本、高效率的服务，一直是多方关注与争论的热点。其次，人口和产业以低密度方式向郊区扩张，造成了日益严重的交通拥堵现象和空气污染，同时也侵占了大量的未开发土地，引起了美国社会对自然资源和生态环境保护的极大关注。再次，随着人口及其各类经济资源的外流，许多中心城市历史性地陷入衰落之中。但面临着全球性经济竞争的严峻挑战，郊区没有从中心城市的衰败中获益，这种状况极大地损害了整个区域经济的竞争能力。最后，由于经济衰败与财政危机，中心城市居民不能得到足够的经济机会与社会福利保障，社会的不公正问题在中心城市日益严重起来。

区域主义认为，产生上述问题的根源在于美国独特的“碎片化”的地方政府体制。为了解决这些发展问题，区域主义先后提出了三种不同类别的主张。第一，以政府为中心，从结构上重新组织大都市地区的地方政府，在一个可以操作的边界（比如县或者大都市统计区）之内建立区域性政府，在整个区域的范围内实施发展规划，提供服务，统一使用财政资源，解决经济社会问题。第二，在涉及区域性的问题上，以联邦政府资助的州与地方经济社会发展的项目为平台，促成地方政府间的协作。第三,以问题为驱动,以治理为核心,主张政府与社会合作,鼓励公民个人、私营部门和非营利组织积极参与区域性事务,以弥补政府体制处理区域性事务的效用(Effectiveness)不足。这三种政策主张相继构成了沃利斯(Wallis,1994)所界定的区域治理模式的三波浪潮。

鉴于郊区的蔓延及其所产生的外部性,许多利益主体,包括中心城市与旧郊区的选任官员、市中心的公司、慈善与民政团体、少数族裔与低收入社区的代表、环保主义者、新郊区反对增长的人、代表农民和农村地区的活动家以及宗教领袖,均对郊区增长模式的必然性表示质疑,怀疑郊区的蔓延"仅仅是看不见的市场力量与消费者偏好的产物"。(Katz and Bernstein,1998)因此,包含了政府部门、私营部门和"第三部门"的这些社会势力成为90年代区域主义改革的政治力量基础,他们在联邦、州与地方推动了许多区域主义的结构性改革与政策主张的实施,同时也促进了政府部门与私营部门、第三部门合作关系的进展,成为新区域主义的润滑剂。

社会力量的发展壮大,特别是"第三部门"的兴起,反映了现代福利国家的危机。"一个负担过重和过于官僚化的政府没有能力完成不断安排给它的日益增长的任务。"(莱斯特·萨拉蒙,2003:173-184)这个见解表现在城市问题上,是联邦城市政策从以社会福利为依据来重新分配资源,转变到以经济动因来推动整个地区的发展与繁荣,并试图将中心城市定位为区域经济增长的强劲动力。克林顿政府在其发布的首份城市政策报告中提出,城市问题的解决不能再仅仅依靠联邦援助项目,而必须将其置于地理范围更宽广的背景之中。城市政策应该在破败社区的贫困人口与大都市区市场的经济机会之间架设起桥梁，必须依靠各类政府的努力，让政府成为更负责任、更有改革精神的伙伴。（HUD[①]，1995）这种改革，并非要片面削弱政府的作用，而是要构建政府与社会之间新的合作关系，政府通过为非营利部门提供资金，借助非营利部门来实现对各类政策项目的“第三方管理”。在美国，第三部门从政府获得资金援助，并且成为政府购买服务的主要来源。例如，非营利机构提供了政府出资的所有社会服务的 56%，就业和训练服务的 48%，保健服务的 44%。（戴维・奥斯本、特德・盖布勒，1996：22）

从美国开始大都市区化进程至今，地方政治权力在诸多地方政府之间的分割，及其所产生的地方政府的分裂，即“碎片化”(Fragmentation)，构成了有效解决大都市区经济与社会问题的结构性障碍，甚至有时候还被认为是产生大都市区多种经济社会问题的主要原因。（罗思东，2005：38）无论是政府结构，还是公共服务，都呈现出碎片化或者巴尔干化的趋向，地方政府的权限被局限于一个规模较小的特定区域（地方一般政府）或功能（地方特别政府）范围之内。中心城市与郊区之间、郊区与郊区之间的界线与差别，由于州与地方的法律制度，而变得无法逾越，一个地方的繁荣往往以另一个地方的衰败为代价。单个郊区的同质性越来越强的同时，整个大都市区的异质性却不断增强。郊区的自治城市实际上演变成为一部分人的私产，“郊区化意味着美国人生活和文化的私有化”(Schneider，1992：37)，

---

① HUD 即 Housing and Urban Development，美国住房与城市发展部的英文缩写。

而城市的边界则成为区分“我们与他们,我们的问题与他们的问题,我们的钱与他们的钱,我们的未来与他们的未来的标志。那些有钱人,只需要从一边跨越到另一边,就能得到更好的学校,安全的街道和更加同质的邻里”(Frug,1999: 8)。

与20世纪70年代之前对大都市区政府的探索实践强调公共服务的规模效益不同,90年代的区域主义者将批评的重点,特别放在了碎片化的地方政府对整个区域经济、社会公正和中心城市与郊区关系的负面影响上。1993年,戴维·腊斯克指责郊区“地方政府的极度碎片化,强化了种族和经济的隔离。政府间的竞争常常抑制了整个地区迎接经济挑战的能力”(David Rusk,1993: 42)。1994年,安东尼·唐斯把“政府权力在地理上的破碎结构”,看成制约大都市区成长的首要原因,它导致了社会不公,社会难以取得整体的效率。除非这种分裂的地方政府结构所产生的后果能够得到有效的应对,否则与大都市区成长相关的问题就不可能得到明显的纠正。这个观点在数年后得到哈佛大学教授杰拉尔德·弗拉格的回应和赞许,尽管他并不赞成区域性政府是可行的解决方案。(罗思东,2005)

许多美国学者都认识到,中心城市与郊区之间在经济和社会生活上已经形成相互依存的关系,大都市地区在许多方面都应该寻求一致的政策。即便是在公共服务领域,也存在诸如高速公路、公共交通、水和大气污染、公共健康等涉及整个大都市地区的服务项目,这些项目是遍布郊区的小规模政府所无法提供的。然而,实际上,当郊区居民前往中心城市上班、就医或者从事文化、娱乐活动时,他们多数时候都是在没有承担纳税义务的情况下,使用中心城市的公共设施和服务,而成为“搭便车者”，中心城市的财政则常常捉襟见肘，无力顾及社会问题。这显然同“搭便车者”在他们自己生活的郊区所追求的“蒂堡特模型”是相矛盾的。所以，“城市的主要社会问题——贫困、种族关系紧张、破旧的住房、犯罪以及青少年问题——确实是整个大都市区的问题”（Dye，1969：372）。联邦政府曾一度大张旗鼓地积极对待这些问题，却因种种原因而遭挫折。这使许多有识之士认识到，因地方政府碎片化导致的问题，需要放在区域主义的视野下观察和思考，并以区域主义的对策才能加以有效治理。

第四章　全能型国家建设下的中国城市发展实践

自新中国成立到1978年党的十一届三中全会前，整个中国基本上处于泛政治化时期，国家全能主义是这一阶段的显著特征。在全能主义国家，国家通过单位制、人民公社制和户籍制等获得全部资源的支配权，形成“国家—单位—个人”社会管理格局。在城市，单位制成为党委领导下的绝对控制系统，在农村，人民公社内部建立起三级领导结构体制，整个社会形成以单位为细胞、以户籍为基点、以纵向管理体系为中介的高度中央集权体制。国家从社会中夺走了几乎全部权力，整个社会生活呈现出高度政治化，国家与社会之间缺乏明确的边界。户籍制度把社会固定如同钢板一块，最终完成对社会的绝对控制。社会生活组织方式严重缺乏自主性，从社会福利的分配、集体活动到婚姻家庭等私生活方式，所有的社会生活几乎都按照阶级分类的逻辑来操作，社会体制是对政治逻辑的适应和附庸。（李友梅，2008）

全能主义时期，国家在经济治理上实行“一大二公三纯”的计划经济体制，把计划作为资源配置的主要方式。经济上“统购统销、统分统配、统进统出”的计划体制，把社会重新整合进一种集权控制程度更高的同质性、板块性的、以“单位所有制”为基础的组织结构中。（萧功秦，2008：49）计划经济的特色在于不按照经济自身的规律和逻辑运行，而是迎合特定的政治目标和政治逻辑的具体要求，同时深受阶级斗争标准的影响。因此，这种强国家—弱社会—弱市场的治理模式必然导致整个国家高度政治化，市场以及社会功能的严重衰退。（萧功秦，2008：86）正是在这一宏观背景下，新中国成立后到改革开放前，中国的城市化进程始终深刻地受到全能型国家建设战略目标、核心理念等结构性因素的影响，走出了一条复杂而曲折的发展道路。这一时期我国城市化的实践策略主要表现如下：一、通过“三反”、“五反”等运动重塑城市社会结构，对既有城市进行社会主义改造，为新生政权的建立和巩固奠定城市基础；二、通过单位制、街居制等一系列制度设置，重塑城市社会管理体制；三、通过城乡户籍管理、物资统一调配等制度，重塑城乡社会关系；四、通过（重）工业化，建设了一批新兴的工业城市。

一、对城市的社会主义改造

新中国成立后，中国共产党成为国家建设的领导者。当时国家建设的逻辑起点主要有两个：一是孤立的城乡关系成为国家资源汲取能力持续提高的障碍；二是孤立的社会阶级阶层关系，成为社会整合的难题。在此背景下，中国共产党主要采取了两个重要战略来进行国家建设：一是以城市政治为核心的社会建设战略，以弥合各社会阶级、各行业之间的关系，为国家建设重构新的社会结构基础；二是以（重）工业化为核心的经济建设战略，以消除城乡之间的对立，实现城乡大结合。（马翠军，2002：7）

1949年春，中共七届二中全会在河北平山县西柏坡村召开。会上，毛泽东向全党宣布："从现在起，开始了由乡村到城市并由城市领导乡村的时期。党的工作重心由乡村移到了城市。"（毛泽东，1991：1427）城市化、工业化、现代化，随着新的国家政权的建立而开始写进中国共产党的行动纲领。

而此时中国共产党即将接管的城市社会却带有太多的消极特征："它们建立在资本主义的财产关系和市场交换基础之上；刺眼的不平等、惊人的浪费、贫困、乞丐、失业以及贫民窟恶劣的居住条件；极易爆发无法控制的通货膨胀；富裕家庭的孩子在受教育和其他方面享受种种特权；外国势力和文化影响高度集中；城市官僚专横腐败，对平民的需要麻木不仁；犯罪、卖淫、吸毒以及黑社会敲诈勒索猖獗；城市不关心农村的需求；到处充斥着实利主义、玩世不恭和异化了的人们。"（麦克法夸尔、费正清，1998：713）这就决定了中国共产党不会满足于按照旧城市的逻辑来管理城市，中国共产党决心从根上改变中国城市。

这个决心有特定的历史根基和的理论支持。众所周知，中国共产党领导下的中国革命分两步走：新民主主义革命与社会主义革命。就城市社会而言，社会主义革命就是实现对资本主义工商业的社会主义改造。如马克思所言，资本并非仅仅是一种物，更为重要的是一种社会运动过程，是一种社会关系（马克思，2004：926－927）。由此可见，城市社会主义革命绝非简单地指将资本主义经济改变成公有制经济，而应该被认为是一场深刻的社会关系变革和社会结构重构。将资本主义经济改造成公有制经济是新中国成立后中国共产党建设国家政权的主线，围绕着这一主线，1949—1956年中国城市社会在共产党的干预下发生了一系列影响深远的历史事件，这些历史事件与资本主义经济的社会主义改造有着直接的关联，正是在这个关联中，中国共产党实现了对城市社会关系的变革和城市社会结构的重构。（汪仕凯，2008：6）

新中国成立前后，为清理和重建城市基层社会秩序，中国共产党在城市进行了一系列的社会改造运动（阮清华，2008；黄亦君，2011；张楠，2012），诸如镇压反革命、取缔会道门、消除烟赌娼等。

以上海为例，上海在新中国成立后所进行的社会主义城市改造，代表了这一时期共产党城市治理思想的典型。对于中国共产党来讲，上海解放后，如何改造和建设这个当时中国"最现代化的城市"，是"中国革命的最后一个难关"、"一个伟大的考验"（毛泽东，1991：1453）。在战争中失败的国民党人，离开上海时曾留下一句话：共产党在上海"蹲不上三个月"（潘汉年，1950）。这多少反映了解放初上海社会异常复杂的现实，新政权能否在这个基层社会社团交错、帮会林立的城市立稳脚跟是决定中共能否最终完成革命任务的关键。从进一步的意义上来讲，新政权如何改造和重构城市基层社会，拉开了新生国家进行城市社会管理的序幕，其间所体现的国家与社会关系也成为日后城市基层社会组织发展、变迁的基础

（国云丹，2009：40）。

1949年5月，中共解放上海，相继成立上海市军事管制委员会、上海市人民政府，接管了上海这个中国人口最多、社会情况最复杂的城市。为了使接管工作顺利，上海军管会于1949年5月20日发出关于接管工作的通知，其中与城市基层社会有关的规定如下（国云丹，2009：41）：

> ……
>
> 四、救济工作、卫生工作。在大城市解放后，每因秩序混乱，顿成严重现象。为此责成政务委员会领导各分区，配合公安、卫生部门，周密设计，动员群众，组织失业工人，实行以工代款办法，迅速进行打扫街道，修复被破坏之道路、暗沟、卫生设备与市政建设。
>
> 五、对反动的旧保甲制，在接管初期由于主观力量不足，接管任务多，地下党未见面前，暂行采取不承认也不宣布取消的态度。但区接管委员会，应协同公安局迅速接收保甲户籍档案（包括公民证、身份证、存根及户口册子等），以利我实行军管及民政、公安工作之建立。
>
> ……

解放之初，新政权依照上述原则开始了对上海基层社会最初的接管。事实上，解放前夕，共产党的组织力量已悄然进入上海的各里弄，为城市解放和随之而来的城市改造做准备。中国共产党接管上海后，主要采取了革除保甲制度、清扫帮会组织、镇压反革命运动、建立户籍管理制度等多种措施，对城市社会进行改造。

保甲制度是“反动统治的工具”，在各个城市解放时都属于废除的对象。一般来说，中国共产党解放一个城市，接管委员会随即宣布废除保甲制度。但中共由于在上海城市基层没有自己的组织体系，不得不暂时利用旧保甲人员。1949 年 1 月 3 日，中央在《中共中央关于处理保甲人员办法的指示》中明确指示废除保甲制度的同时提出：“对一般保甲长在短时期内仍须留用，使之有助于社会治安的维持。”1949 年 5 月 20 日，陈毅签发《上海军管会关于接管工作的通知》：“对反动的旧保甲制，在接管初期由于主观力量不足，接管任务多，暂时采取不承认也不宣布取消的态度。……对于罪恶昭著，人民要求坚决惩处的保甲反动分子，应加处分。一般可利用者应按中央指示，在群众监视下给予一定任务，以后在群众发动时才取消保甲。”（阮清华，2008）

上海的帮会是一个包含了社会上几乎所有阶级、所有阶层成员的庞杂集团。其帮会头领和骨干分子由官僚政客和流氓恶霸头子组成，普通劳动群众组成帮会群众层，介于帮会首领和普通群众之间的是流氓无产者阶层，三部分人构成了帮会的整体。不同身份的人对新生政权抱有不同的态度。解放后，新生政权对基层弥合的改造工作中，清除帮会势力可以说是一项最复杂、最具策略性的任务。

为了铲除产生和滋长帮会这类封建组织的社会土壤，中共又着手结合“镇反”[①]、“三反”、“五反”运动，开展改造上海社会的庞大工程。1951年11月26日，上海市公安局根据市人民政府的命令，封闭了全部妓院，把妓院妓女共500余人送民政局妇女教养所安置，妓院老板324人另行集中审查。1952年8月，全市开展肃清烟毒运动，打击专门制造、运输、贩卖毒品的毒贩，惩处毒贩3 548人，缴获鸦片、海洛因等毒品1.3万两。1953年5月，又开展取缔反动会道门斗争，逮捕“一贯道”、“九宫道”、“同善社”、“一心天道”等反动会道门及坛主和反动道首2 529人，对其他7 198名道首作出管制、剥夺政治权利和免予处罚等处理。(国云丹，2009：46)经过严厉镇压和社会改造等综合治理，中共政府不仅在上海粉碎了帮会组织，而且初步改造了滋生帮会的社会环境，上海里弄得到了治理，其基本面貌发生了根本变化，治安秩序也明显好转。(胡训珉，1991：244－246)

为了保持社会的稳定，并且为建立基层社会新秩序做准备，在废除保甲制度的同时，中共政府还立即着手建立户籍管理制度。上海解放后，为了废除国民党的保甲制度，将户籍管理权由民政部门向公安部门移交，必须要有一个比较准确的数字。同时从当时的社会治安角度看，建立户籍也是一件相当重

---

① 镇压反革命运动的目的在于镇压特务和其他积极参与抵制新政权的分子。列在待镇压的名单之上的有从前的国民党党员、与国民党关系密切的组织成员和秘密帮会的头目。镇反运动的打击对象首先是土匪、恶霸、特务、反动党团骨干分子和反动会道门头子等五种反革命分子，因此镇反运动的前期又被称为清匪反霸斗争。党和政府对这五种敌人，根据血债、民愤以及损害国家利益的程度，按照首恶必办的原则进行处置，凡应杀必须杀的坚决迅速地杀掉；凡可杀可不杀的坚持一律不杀；凡可捕可不捕的一律不捕。

要的大事，因为恢复经济、确保市民生活供给、打击散兵游勇及旧社会遗留的社会渣滓制造的各种破坏活动，都迫切需要有一个比较准确完整的户口资料。因此，在接收了旧户籍册后，新政权意识到必须立即进行户口校正工作。1949 年 12 月 15 日，《上海市户籍校正办法》公布，人民公安机关从 1950 年 3 月 13 日起正式开始受理各种户口变更登记手续。至此，在我国历史上实行了 900 多年的保甲制度彻底宣告废除。

二、农业支持工业与乡村支援城市

在经济生活领域，1949 年以后，将乡村纳入以城市为主导的发展轨道，实现中共的工作重心由农村转向城市，依靠城市领导农村进行国家建设，成为党和国家的主要任务。“只有将城市经济恢复起来了，消费的城市变成生产的城市了，人民政权才能巩固起来。”（毛泽东，1991：1413）在社会一体化能力建设的要求下，新政权瓦解了传统农村综合经济。

20 世纪 50 年代初开展的土地改革运动，以及此后旨在控制粮棉生产和贸易的统购统销，都使得多种经营的农村经济形态快速改变成单一的农业经济，小生产者逐渐失去了经营的选择权，手工业、商业和服务业也被迫剥离出来。土地改革因是按农村人口计算，无偿分田分财，因此相当一批从事手工业、商业的农村人口重新退回土地上务农。随同土地制度一起瓦解的还有传统宗族内的“公田”以及建立在旧的社会组织基础上的耕作制度与合作制度。“乡村的地方隔绝状态也被打破，农民成为国家政治中的一部分，并且也被纳入国家的市场经济中。"（莫里斯·迈斯纳，1989：146）手工业、商业、服务业与农村经济的脱离立即改变了原来乡村与城市的封闭性，改变了农村与城市的关系。"农业社会主义改造的急速发展直接带动了资本主义工商业和手工业的社会主义改造急速前进。"（薄一波，1991：326）面对巨大的农村市场，城市经济开始由消费城市向生产城市转变。城市生产功能的强化使其在经济建设、产品提供、商业流通中取得了核心的领导地位。通过对农村经济和城市经济的改造，国家得以垄断商品流通，最大限度地进行社会资源的汲取与再分配。

在城市工业化发展重心原则的指导下，乡村被彻底纳入城市经济的发展轨道。主要表现为：一是为执行城市中心政策实施农村税费国家化。1950 年国家开始统一财政，剥夺地方和基层的税收，规定公粮、税收、原料物资一律归国库。如温铁军等人所言，"（20 世纪）50 年代政府征收农业税费的实质不是参与地租分配，或为公共产品的开发提供财政支持，而是国家要掌握足够多的粮食"（张静，2000：49），以用于城市经济发展。二是执行粮食统购统销政策。1953 年 11 月，中央通过了《关于实行粮食的计划收购和计划供应的命令》，在全国城乡开始实行粮食统购统销政策。其内容包括计划收购、计划供应、由国家严格控制粮食市场和中央对粮食统一管理四个部分。不久，国家又陆续对食用油、棉花、棉布等实行统购统销。这一制度对扭转当时粮、棉购销紧张被动的局面，保证供应与支持城市建设和工业生产起到了积极作用。三是户籍管理制度的实行。1958 年 1 月，全国人大通过并颁发了《户籍登记条例》。该条例把整个社会人口分为农村人与城市人，二者不得随意转换。在户籍制度下，有农村户口的人具有在农村土地从事农业劳动和成为农民的资格；而有城市户口则可以在城市安排就业，并接受相应的福利保障。客观而言，户籍制度在当时农产品短缺的情况下，保证了城市消费的需要，保证了农业在低水平运转下最大限度地向城市提供积累，它在一定程度上履行了工业优先发展的功能，体现了国家城市中心的政策方针。

城市中心政策方针将农村纳入以城市为主导的经济发展轨道中，纳入新的国家市场中，使乡村依附于城市的发展。这一发展模式可使国家最大限度地把握城乡两方面的资源、信息和需求，并通过行政手段进行物质调节，实现城乡物资流通。行政性流通体制的本质在于强化城市经济中心地位，使其在经济建设、行业流通、产品提供中取得核心和领导地位。在缺乏市场机制的情况下，人为地使城市成为社会经济交往的中心，以实现城市与乡村的分割化的关联。这一政策战略的实施在很大程度上提高了国家建设的能力，确保了国家对社会的高效控制。

三、重工业优先发展战略下工业城市的增长与改变

新中国成立后，中国政府选择了“赶超型”经济发展战略，这一经济战略模式是一种“为了在资金稀缺的条件下实现资金密集型重工业优先发展的目标，以扭曲产品和生产要素价格的宏观政策环境、高度集中的资源计划配置制度，以及没有自主权的微观经营机制为特征的三位一体模式”。（林毅夫等，1999）

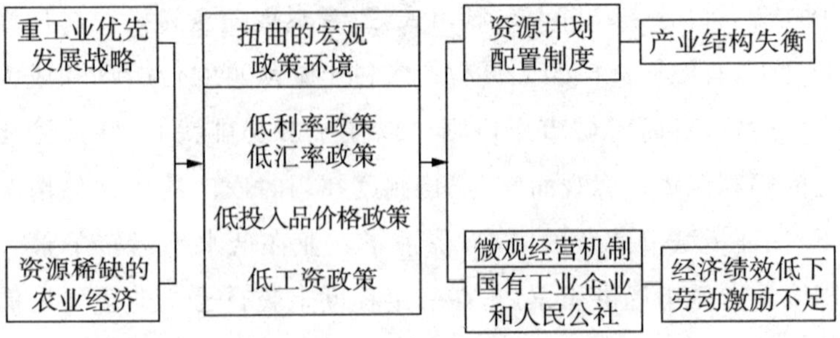

图 4.1　重工业化与中国计划经济体制的形成(转引自：魏立华等,2006)

为了把我国尽快从一个落后的农业国建设成为一个先进的工业国,新中国成立后不久,党和国家就开始了社会主义工业化建设。党中央和毛泽东通过对苏联社会主义国家和资本主义国家发展工业化的道路进行比较,特别是对我国的经济、政治以及所处的国际环境诸多方面因素的反复权衡之后,决定把优先发展重工业作为我国工业化的发展战略。比如,在我国"一五"计划中,国家基本建设投资用于工业的占总量的58.2%,而其中用于重工业的投资又占工业投资的88.8%。根据"一五"计划指标,工业总产值平均每年增长14.7%,但其中重工业产值则平均每年增长17.8%。(顾龙生,1999)

1953年开始,在苏联的经济和技术援助下,中国围绕第一个五年计划开始了社会主义工业化建设,计划经济体制开始建立。这个时期奠定了新中国成立后改革开放前中国城市发展建设的基础和格局。在美苏对峙的冷战环境下,中苏签订了《中苏关于苏联贷款给中华人民共和国的协定》。苏联利用其提供的3亿美元贷款中的一部分向中国提供50个大型工程项目,帮助中国恢复和建造最重要的经济部门。

“一五”计划期间，值得一提的是“156 项工程”对中国城市发展的建设的影响。“156 项工程”是中苏经过多次商讨才确定下来的苏联援建中国的大型建设项目。在这些工程项目中基础设施和重工业项目占了大多数，项目相当一部分在中西部地区建成，这对于合理调整我国工业布局起到了非常重要的作用。总的来说，20 世纪 50 年代中国的经济建设是围绕“156 项工程”进行的，在一定程度上，“156 项工程”奠定了新中国工业的基础。

“156 项”重点建设项目和限额以上的近千个工业建设项目，不仅改变了旧中国工业布局不合理的状况，而且促进了区域经济的平衡发展。在旧中国，工业设施的 70％集中在沿海一带，有限的内地工业也主要集中在少数大城市。占全国土地面积 1/3 的大西北，1949 年工业产值仅占全国的 2％，近百年来始终没有工业基点。微弱的工业过于集中于东部沿海一带，不仅不利于资源的合理配置，对于国家的经济安全也极为不利。因此在制定“一五”计划时，国家非常强调工业区的分布应有利于国防和长期建设。为了改变既有状况，在第一个五年计划时期，中国政府把苏联援建的 156 项工程和其他限额以上项目中的大部分都摆在了工业基础相对薄弱的内地。考虑到资源等因素，国家将钢铁企业、有色金属冶炼企业、化工企业等，都选在矿产资源丰富及能源供应充足的中西部地区；将机械加工企业，布局在原材料生产基地附近。在投入施工的 150 个项目中，民用企业达 106 个，除 50 个布置在东北地区外，其余绝大多数分布在中西部地区，其中，中部地区 29 个，西部地区 21 个；44 个国防企业，除部分造船厂摆在海边外，布置在中部地区和西部地区的有 35 个。150 个项目实际完成投资 196.1 亿元，其中东北占实际投资额的44.3%，其余资金大部分都投到了中西部地区，中部地区占32.9%，西部地区占20%。（陆大道，1990）106项民用企业在西部地区建设的21个项目中，由于每一个重点建设项目还需要安排配套项目，因此，“一五”时期对西部地区形成第一次大规模投资，极大地改变了西部地区的落后面貌，促进了西部地区经济的发展和工业城市化进程。

此外，在国家制定的“一五”计划中，国家还扩建和新建了8个重工业城市，其中包括以钢铁工业和机器制造工业为中心的北京、武汉、包头3个区域；以电器、纺织和精密仪器制造工业为中心的西安、兰州区域；以煤矿和采矿机械制造为中心的大同、洛阳区域；以机器制造工业为中心的成都区域；还有原本的东北老工业区，长春、吉林和沈阳等城市。

城市重工业优先发展战略客观上孕育了一种特殊的社会空间秩序。其结果是郊外新建“工厂—工人区”或单位制工矿企业住宅区的社会地位上升，尤其是国有大中型工矿企业；旧城原商业服务业集中区衰落；而“人民公社化”了的农村和农民则沦为城市工业的原材料来源地和居民生活必需品供应地；而为了集中高效地制定各项社会经济发展“计划”，政府权力部门倾向于集中布局(如图4.2)。

有研究发现，新中国成立后直到20世纪80年代，广州市城市社会空间就遵循这种(重)工业优先发展战略的逻辑，依据社会地位的高低形成“政府权力部门集中区—郊外国有大中型工矿企业—旧城区商住混杂区—外围农村”的社会空间序列。（魏立华等，2006：16）尽管海珠区康乐村、天河区石牌等地承继历史，分布有若干大学，而成为知识分子住宅区，但鉴于过分强调

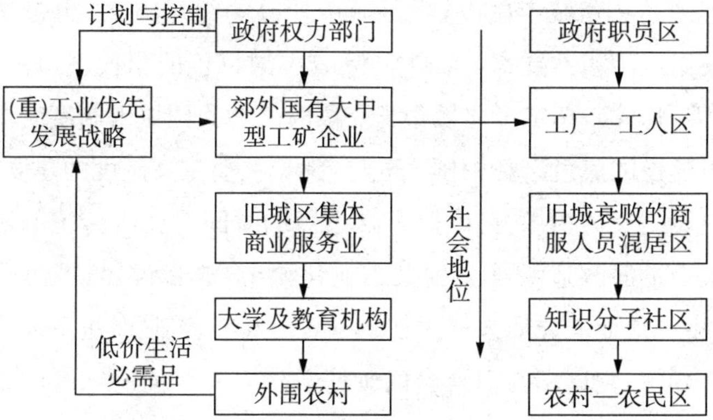

图 4.2　(重)工业优先发展条件下的城市社会空间分异(魏立华等,2006：15)

物质生产,知识不被人尊重,工人(甚至农民)社会地位高于知识分子,在历次政治运动中,“上山下乡”接受工农再教育成为这一阶段知识分子的主题。城市(重)工业优先发展战略所导致的产业与行业歧视与保护是导致中国社会主义城市社会空间分异的逻辑起点,这一时期的社会分层机制更多地受制于以城市为主的(重)工业化进程,以及由此所决定的城市化进程。此外,(重)工业优先发展的产业政策反映在城市政策上,就是“变消费性城市为生产性城市”,并且要求人人都劳动,户户无闲人(华伟,2000),从而将社会全体人员都纳入单位制或街道社区体系内,形成“单位城市”。

四、单位制、街居制与城市社会管理秩序的重塑

如一些学者所言,单位社会是中国1949年以来在城市中建

立起来的一套城市制度，既是城市社会的组织方式，也是城市空间组成的基本要素，构成了“具有中国特色的当代城市体系”（董卫，1996），奠定了之后很长一段时间内我国城市制度变革和城市建设的底色。新中国成立后，随着社会主义制度的建立，以马克思主义为指导方针，国家在很短的时间里就将传统的消费性城市彻底改造为社会主义工业化城市，或者说，将城市确定为“生产地而非异质人口居住地”（Wu，2003）。在激进革命原则的指导下，党试图在旧社会的废墟上建立一个前所未有的新世界。国家试图通过创建一种“新居住单元”（New Unit of Settlement），将生产和生活融为一体，使其成为一种社会性的城市聚落，并以此构成未来社会的制度基础。从形式上看，这种“新居住单元”包括公社化的子女抚养教育、就业、赡养等一系列的机构和服务设施，这种社会制度即学者所指称的“单位制”。这种单位化思想对我国城市发展产生了深远的影响（Gutnov，etc.，1968，转引自魏立华等，2006：13－14）。

实质上，单位是以地理空间为基础的，而“地域性”是其“社会性”的基础。一定的地域空间是单位最主要的特征和要素。“单位办社会”也促使单位多占地、占好地。在某种程度上说，对于优质区位的争夺便成为单位的重要目的。新中国成立后，城市百废待兴，急需建立大量机构来恢复并组织生产建设，但又缺乏有力的规划、法规政策体系。在这种情况下，城内有空就挤，遍地开花，城外各占一方，互不配合。总体上，城市空间规划服从于经济计划，尤其是钢铁、机械、化工等“条”状部门的约束，“规划其实就是政府计划在土地上的投影”（周劲，2004）。“由于建设计划是按‘条条’下达，各单位分别进行建设，很难有计划地、成街成片地进行建设，许多单位总想自成格局，造成一些地区建设布局的不合理，不少单位圈了很大的地盘却短期内又不搞建设。"每个单位都想占据上风上水的地块，用围墙把自己围起来，大院自成小天下。以行政机关云集的北京市为例，"城外西郊，大幅土地一下子被部队分完了，形成一个个大院，如海军大院、空军大院等"；形成了"谁盖楼中央就拨钱，谁就跑马占地"的现象（王军，2003）。

单位还是城市资源分配和调控的组织，是基本的社会调控单位和资源分配单位。政府通过单位实现其社会资源的提取和分配。这种分配关系导致了一种特殊的依附链条：个人依附于单位，单位依附于国家。单位的属性折射出乃至等同于其职工的属性，如国有企业的职工福利远优于集体企业职工。由于"改革前，城市居民大多被纳入行政化或准行政化的单位之中，而统揽全部社会资源的政府（或国家）则依据各单位的性质和规模进行有计划的资源分配。在这种情况下，居民生活对单位的依附性很强，任何个人一旦离开单位组织，就如同沙滩枯鱼，虽说枯鱼之间的相濡以沫尚能苟延，但终究活不长久"（费孝通，2000）。在这个意义上，"单位作为其成员的社会生活场所的意义，日益超过了它作为劳动组织或工作组织的意义；单位为其成员提供福利的意义，日益超过了它的社会专业分工的意义"（李路路、李汉林，2000）。

与单位制并存的城市基层管理制度是街道办事处—居委会的制度架构，简称"街居制"。1947 年 11 月中国共产党在石家庄建立了其第一个城市政权，并采用市、区、街三级政府的体制。然而，这种体制在很大程度上带有长期农村政权工作的色彩，并不适用于城市。后来以沈阳接管为开端的军管会模式成为政权过渡时期行之有效的城市管理机制。城市军管会有两大特点：首先，军管的目的是建立政权，保持长久的统治，其主要任务是确保城市管理职能和治理经验上的过渡；其次，军管过程充分利用了党的组织上的优势，比如在接收前就通过党的干部培训体系，专门培训了大量的接收干部，通过建立各界代表会、工会、学生会和青年团，共产党长期磨炼出来的组织结构得以渗透到城市社会的各个层面，而这为以后社会主义改造和基层政权建设打下了重要基础。(叶涯剑、张光海，2010：33)

对于新政权而言，城市管理的首要工作就是建立基层管理组织。几经调整后，中央政府于 1950 年发布《大城市区人民政府组织通则》，以法律形式确定区级政府的设置，使大城市的区政府具备了一个政府机构的完整职能，并沿用至今。但是，区下属的基层管理机构却经历了较大的波动。例如，街道最早被作为基层政权机构，这种定位及基层治理体制缺陷明显，它使得城市管理分块太碎，管理层级太多，政策执行效果差，市政混乱。1954 年 12 月第一届全国人大四次会议通过《城市街道办事处组织条例》，确定街道办事处是市辖区或不设区的市人民委员会派出机关。1955 年全国各个城市都设立了街道办。“大跃进”时期街道办被城市人民公社取代，1962 年后又恢复。“文化大革命”时期街道办被改名为街道革命委员会，主要担负“阶级斗争”和“群众专政”工作。直到 1979 年通过的《地方各级人民代表大会和地方各级人民政府组织法》和 1980 年重新公布的《城市街道办事处组织条例》，才再次明确街道办是市或区政府的派出机构。

与街道办差不多同时诞生的城市居民委员会，首先是作为保甲组织的替代设置出现的。1952 年开展的城市民主建政运动在街道以下设立了居民自治组织——居民委员会，其主要的工作职责是宣传党和政府各项政策法规，收集居民意见和要求，进行公共卫生、公共事业、优抚救济等工作，后来还增加了治安保卫和人民调解，具备了"准警察"和"准法院"的职能。1954 年经由一届人大四次会议通过的《城市居民委员会组织条例》，以法律形式确认了居委会的性质是"群众自治性居民组织"，其任务是办理居民公共福利事项，向政府反映居民意见和要求，动员居民遵守政府政策和法律，领导群众治安保卫工作，调解居民纠纷。

街居制度奠定了此后几十年中国城市基层治理的基本框架，通过党务和政务两套系统的领导，基层管理机构完全实现了把分散的群众转化为高度组织化群体的目标。尽管居委会的工作主要是政治性的，但其作用对象却仅限于微观层面即居民的日常生活。例如"大跃进"时期上海的居委会大搞居办经济，如小加工厂、食堂、托儿所、图书馆等，此类功能相当强大。1958 到 1959 年，上海的里弄生产组织有 4 600 多个，解决了大量里弄居民的生活与工作。数据显示，在这些里弄组织中，参加就业的人数为 104 270 人，食堂搭伙人数为 441 860 人，托儿所照顾小孩数为 224 043 人，民办小学学生 137 554 人。(高民政、郭圣莉，2002)在全能国家时期，尽管居委会在法律上被定义为自治性组织，但居委会总体上更多地体现出行政化的色彩，尤其是 1960 年街道办转型为人民公社之后，街道几乎成了基层政权，居委会也就成为与单位制并存的街居体制中的重要的行政单元。

第五章　发展型国家建设与中国城市发展实践

1978年第十一届三中全会后，我国开始进入以促进经济发展、保障效率优先为首要目标的重大转型时期。国家通过各种形式积极推动经济增长，激活了国家内部治理主体的竞争活力，社会主义市场经济制度的建立，确立了以市场进行资源配置的治理机制，强调了市场在国家建设中的重要作用。自此，传统的全能国家建设逐渐退出历史舞台，一种新形态的发展型国家建设逐渐形成①。发展型国家将发展视为国家治理的第一要义，既强调市场的微观主体的作用，也强调国家在推动和组织社会经济发展过程的角色，国家治理的合法性建立在经济发展的绩效合法性之上。

改革开放以来，在发展主义的国家建设理论和实践下，随着市场机制的引入和外向型经济的飞速发展，新中国成立后所

---

① “发展型国家”最早源于对东亚经济奇迹的特定解释。1982年，美国加州大学查默斯·约翰逊教授出版著作《通产省与日本奇迹》一书，书中通过对日本通产省历史和结构的考察，提出“发展型国家”概念。

建立起来的城乡隔离体制开始松动，工业化和城市化开始初步融合，产业结构在市场诱导下重新调整，城市化的市场主导机制开始萌发。在此背景下，从改革开放到2003年中央提出和谐社会建设的战略要求之前，我国城市化进入了起飞阶段。具体的实践策略主要表现在如下四方面：一、乡镇企业的发展所推动的自下而上的"乡村城镇化"；二、对外开放政策与沿海沿江城市体系的形成；三、国企改制所引发的去单位化与城市社会结构与生活秩序重塑；四、浦东模式与大都市崛起。

需要指出的是，在全能型国家建设背景下，由于受意识形态的影响，改革开放前中国学者认为城市化是资本主义的特有规律，不承认社会主义经济存在城市化现象。无论是在政府的文件中，还是在学术著作中，几乎找不到"城市化"的相关语汇。1978年后，随着国家转入以经济建设为中心的轨道，城市得到了迅速发展。中国城市向何处去，关系到城市发展方向，也是社会发展方向的大问题。在此背景下，党和政府才开始明确提出城市化及其道路问题。随着改革开放的不断深化、社会主义市场经济体制的不断完善以及社会经济的不断发展，城市化的理论与实践也不断铺开。（何念如，2006）

1979年，南京大学的吴友仁先生率先发表了《关于中国社会主义城市化问题》的论文，拉开了国内城市化讨论的序幕。1982年之后，在费孝通先生所写的《小城镇，大问题》、《小城镇，再探索》、《继续开展江苏小城镇研究》等一系列文章的带动影响下，在全国掀起了小城镇研究的热潮。因此，发展小城镇也一度成为中国城市化道路的"方向"、"标志"、"特色"、"捷径"等。当然在对城市规模与城市化道路选择的讨论中，国内也出现了

"大城市论"、"中等城市论"、"多元论"等其他不同的观点。这些争论对于改革开放以来的中国城市化发展产生了重要的影响。但无论这些影响如何,客观来看,改革开放以来发展型国家建设阶段(大致1978年—21世纪初),中国的城市化的历史实践可大致划分为三个阶段。(常缨征,2006;郭秀丽,2010)

1978—1984年农村体制改革推动城市化的阶段。党的十一届三中全会拉开了农村经济体制改革的序幕,家庭联产承包责任制的施行,极大地调动了广大农民的积极性,农村剩余产品逐渐增多,农村剩余劳动力问题逐步显现。这一阶段的农村改革与农村发展有力地推动了城市化进程。这主要表现在:农村承包制的实施使约2 000万"上山下乡"的知青、干部和技术人员因失去农活而返城就业;城乡集贸市场的开禁使大量有经营头脑的农村商业人士成为城市暂住人口;部分农民自带口粮,本着"离土不离乡,进厂不进城"的原则发展乡镇企业,并由此带动了部分建制镇的发展。与此同时,第三次全国城市工作会议提出了"在部分大城市试行工商利润的5%用于城市维护和建设,国家每年拨一定的专款用于城市住房补贴"等规定。这些恢复性的城市建设措施使城市建设走出了多年徘徊不前的局面。

经验表明,这一时期,在农业大发展、乡镇企业异军突起和城市建设等多种因素的作用下,我国城市化取得了长足的发展。统计数据显示,1978—1984年间,我国城市由193个增长到300个;建制镇数由2 173个增长到7 186个①;市镇人口由

---

① 1984年建制镇个数突然增多主要是由于1984年民政部调整了设镇标准。

17 245万人增长到24 017万人，年均增长5.67%，快于同时期全国总人口1.36%的年均增长率；城市化水平由改革之初的17.92%上升到23.01%，年均增长0.85个百分点，快于改革之前的任何一个时期。1978—1984年间城市化的进程情况如下表所示：

表5.1　1978—1984年间人口总数、市镇人口书目和城市数量①

年份	全国人口（万人）	市镇人口（万人）	城市化率（%）	城市总数（座）	建制镇总数（座）
1978	96 259	17 245	17.92	193	2 173
1979	97 542	18 495	18.96	216	2 361
1980	98 705	19 140	19.39	223	2 692
1981	100 072	20 171	20.16	223	2 678
1982	101 541	21 154	20.83	245	2 664
1983	102 495	24 126	23.54	289	2 968
1984	104 357	24 017	23.01	300	7 186

1984—1992年城市体制改革推动城市化的发展阶段。以1984年10月中共十一届三中全会通过的《中共中央关于经济体制改革的决定》为标志，我国进入了以城市为重点的经济体制改革阶段。城市经济体制在最初恢复"物质刺激"奖金制的基础上，引进了农村经济体制改革的成功经验——承包制，开启了全面改革中国城市经济体制的进程。

在这一时期内，经过经济结构的调整，劳动密集型轻工业得到迅猛发展。在沿海靠近大中城市的地区，乡镇企业率先迅

① 《中国城市统计年鉴》(1993)；建制镇的数据转引自胡顺延：《中国城镇化发展战略》，中共中央党校出版社，2002年，第100页。

速发展，通过聚集形成了大量的小城镇，促进了城市化水平的提高。同时在这一时期国家制定了一系列有利于吸引农村人口进城和设立新城市的政策和标准。例如，继1984—1986年“撤社建乡”改革之后，1985年7月公安部出台的《关于城镇暂住人口管理暂行规定》中的《寄住证》制度，以及1989年12月颁布的《中华人民共和国城市规划法》等政策变革，都极大地推动了小城市和建制镇的发展。1984—1992年间，我国城市化进程中新建城市占主导地位，这一时期，我国城市个数由300座增加到517座，建制镇由9 140个增加到14 539个，市镇人口由24 017万人增加到32 373万人，城市化水平由23.01%进一步上升到了27.63%，年均增长0.58个百分点。1985—1992年间的城市化具体情况见下表：

表5.2　1985—1992年间人口总数、市镇人口书目和城市数量①

年份	全国人口（万人）	市镇人口（万人）	城市化率（%）	城市总数（座）	建制镇总数（座）
1985	105 051	25 094	23.71	324	9 140
1986	107 507	26 366	24.52	353	10 718
1987	109 300	27 674	25.32	381	11 103
1988	111 026	28 661	25.81	434	11 418
1989	112 709	29 540	26.21	450	11 873
1990	114 333	30 191	26.21	467	12 084
1991	115 823	30 543	26.37	476	12 455
1992	117 171	32 372	27.63	517	14 539

① 《中国城市统计年鉴》(1993)；建制镇的数据转引自胡顺延：《中国城镇化发展战略》，第100页。

1992—2002年间社会主义市场经济体制确立和完善进程中的城市化发展阶段。以1992年春邓小平南方谈话和中共“十四大”为标志，我国进入了全面建立社会主义市场经济体制的时期。市场经济体制的建立激发了经济主体的创造力，使中国经济开始了新一轮的高速增长，全国各地经济建设的热情高涨。开发区是这一时期经济建设的主要形式。而开发区建设基本上都是以城市基础设施和房地产开发起步的，它的实质是在原有城市周围建设新城区或对旧城区进行更新改造。这一时期的城市建设呈现出原有城市改造、开发区建设和建设国际大都市并行的趋势，城市化逐渐由量的扩张过渡到量与质共同提高的阶段。数据显示，1992—1999年间，我国城市数由517座增加到667座，建制镇由15 805个增加到19 756个，市镇人口由32 372万人增加到38 892万人，城市化水平由27.36%增加到30.89%，年均增长0.51个百分点。第五次人口普查数据则显示，到2000年左右，我国城市化水平猛增，2000年城镇人口为45 594万人，城市化水平为36.1%，到2002年时，城市化水平又提升了近3个百分点，达到39.04%。

一、乡镇企业的兴起与小城镇的发展

改革开放后，农村实行联产承包经营责任制，农业劳动生产率大幅度提高，从而释放出了大量的剩余劳动力。按照城市化发展的一般规律，农村的推力和城市的拉力，会使得从农业中走出来的劳动力流向城市，城市的工业化可以吸纳大量的农

表 5.3 1992—2002 年间人口总数、市镇人口数目和城市数量①

年份	全国人口（万人）	市镇人口（万人）	城市化率（%）	城市总数（座）	建制镇总数（座）
1992	117 171	32 372	27.63	517	14 539
1993	118 517	33 351	28.14	570	15 805
1994	119 850	34 301	28.62	622	16 702
1995	121 121	35 174	29.04	640	17 532
1996	122 389	35 950	29.37	666	18 171
1997	123 626	36 989	29.92	668	18 260
1998	124 810	37 942	30.40	668	19 216
1999	125 909	38 892	30.89	667	19 756
2000	126 333	45 594	36.10	663	20 312
2001	126 762	47 903	37.84	662	20 493
2002	128 453	50 212	39.04	660	20 601

村剩余劳动力，理论上的结果是人口的集中和城市的扩张。然而，在中国的现实情况下，由于城乡分割的户籍管理制度，改革开放后，从土地中走出来的农民劳动力在不同地方的流动仍然受到了种种限制。在这种情况下，这些农业剩余劳动力只能在很小的范围内进行流动，即“离土”但不得“离乡”。总体上，改革初期计划经济体制并没有立即被彻底打破，户籍制度、粮食供给制度、住宅制度、教育制度、副食品及燃料供给制度、就业制度、兵役制度、婚姻制度等在城市和乡村之间仍然构筑了一道牢不可破的壁垒。

在这种情况下，小城镇却得到了意外的发展。党的十一届

① 《中国城市统计年鉴》(2003)；建制镇的数据转引自胡顺延：《中国城镇化发展战略》，第 100 页。

三中全会以后，国家提出了控制大城市规模，合理发展中等城市，积极发展小城镇的方针。1979 年，中共十一届四中全会通过的《关于加快农业发展若干问题的决定》指出："有计划地发展小城镇建设和加强城市对农村的支援，这是加快实现农业现代化，实现四个现代化，逐步缩小城乡差别的必由之路。"1984 年，中央为加快小城镇的发展，明确提出："允许务工、经商、办服务业的农民自理口粮到集镇落户。"随后，各地迅速出台了一系列政策措施，开启了小城镇接纳农民的大门，为小城镇注入了生机与活力。而之后个体私营经济的发展，更是为小城镇这辆滚滚向前的马车添加了"助推剂"。到 20 世纪 90 年代中期，我国小城镇建设进入了高速发展的黄金时期。党的十五届三中全会通过的《中共中央关于农业和农村工作若干重大问题的决定》(以下简称为《决定》)指出："发展小城镇，是带动农村经济和社会发展的一个战略。"这就意味着，国家开始要制定和完善促进小城镇健康发展的政策措施，增强农村经济的活力，并把小城镇建设作为一个大战略来抓。历史地看，这是中国经济改革 20 年来第一次把小城镇建设写进党的重要文件，小城镇被赋予了重要的战略地位。随着《决定》的贯彻，中国广大农村地区兴起了城镇化建设的空前热潮。

应该说，这一时期内我国小城镇的发展以"数量扩张"为主，大多数主要靠"撤乡建镇"的行政建制变化，靠农民的就地转移实现，质量提高不够。发达地区小城镇发展无序、过度密集，中西部地区还有相当数量的小城镇达不到设镇标准。据第一次全国小城镇抽样调查的 1 035 个建制镇资料显示，平均镇区人口 1.63 万人，人口在 5 万—10 万人的县城城关镇仅占所有建制镇比例的 32%，非城关镇规模在 1 万人以下的占到 66%。（王晓东，2002）此外，也正是在此期间，尽管我国乡镇企业突飞猛进，但这类企业的兴起并没有带来高水平、高质量的城镇化。根据农业普查资料，到 1996 年末，全国拥有各类非农乡镇企业 139.8 万家，其中分布在县城和大中城市及工矿区的占 5.6%，乡、镇所在地的占 20%，村及村以下的占 74.4%。这说明小城镇对乡镇企业的聚集功能较弱。以乡镇企业发达和农村建制镇密度较高的江苏、浙江、广东三省为例，1996 年末，三省的乡镇企业总数分别为 132 784 个、135 255 个、138 096 个，其中办在乡镇所在地及其以上城镇工矿区和大中城市的分别为 36 683 个、30 822 个、39 005 个，分别占其乡镇企业总数的 27.6%、22.8%、28.2%，这远低于其建制镇所占比例①。中部地区乡镇企业 85%则分散于自然村庄，不仅占地多，基础设施投资大，而且交通不便利，信息不灵，环境污染严重，难以治理，影响企业本身发展，严重制约了小城镇向更高水平的拓展。

乡镇企业与小城镇的发展代表了一种自下而上的城市化发展模式。本质上，它是由农村社区、乡镇企业、农民家庭或个人等民间力量发动的一种由市场力量诱导的自发型的诱致性制度变迁模式。（辜胜阻，1991）为此，著名城市研究学者蔡孝箴先生就曾指出："改革开放后，随着农业发展和农村工业化的发展，出现了'农村推动型'城市化。其反映出一个新特征，即是'以市场化的经济动力取代非市场的行政动力'的结果。"（蔡孝

---

① 全国农业普查办公室编：《农村产业结构调整和小城镇发展研究》，中国统计出版社，2000 年。

簌,1993: 300)著名中国社会学家费孝通则将此种城市化模式形象地描述为“离土不离乡,进厂不进城”的小城镇发展模式。

二、对外开放与沿海沿江城市的崛起

中国政府在1978年决定进行经济体制改革的同时,即有计划、有步骤地实行对外开放的政策。从1980年起,我国先后在广东省的深圳、珠海、汕头,福建省的厦门和海南省分别建立了五个经济特区。1984年进一步开放了大连、秦皇岛、天津、烟台、青岛、连云港、南通、上海、宁波、温州、福州、广州、湛江、北海等14个沿海城市。1985年后又陆续将长江三角洲、珠江三角洲、闽南三角地区、山东半岛、辽东半岛、河北、广西辟为经济开放区,从而形成了沿海经济开放带。1990年中国政府决定开发和开放上海浦东新区,并进一步开放一批长江沿岸城市,从而形成了以浦东为龙头的长江开放带。1992年以来,国家决定对外开放一批边疆城市和进一步开放内陆所有的省会、自治区首府城市。另外,国家还在一些大中城市建立了15个保税区、49个国家级经济技术开发区和54个高新技术产业开发区。通过这样的改革与开放政策,中国基本上形成了沿海、沿江、沿边、内陆地区相结合的全方位、多层次、宽领域对外开放的格局。

在对外开放政策的影响下,以经济特区为龙头,以沿海、沿江开放城市为腹地,我国逐渐形成了珠江三角、长江三角和环渤海地区三大城市群和城市带。然而,需要指出的是,20世纪80年代中国实行改革开放政策以吸引外商来华投资,其重要目标在于引进外国先进技术，即所谓的“市场换技术”。尽管这种开放战略为充分利用富余劳动力这一比较优势奠定了基础，但是这种以市场换技术的政策导向，对中国城市在国际分工体系中产生了不利影响。“市场换技术”更多只是一种形象比喻，意指通过开放国内生产和销售市场，吸引跨国公司到中国投资，最终实现技术在中国的扩散。但从实际发展的效果看，由于中国政府在政策方面的引导作用，如限制某些国内市场的开放、出口退税，加之国内消费能力不足等原因，除个别行业如手机、家电等之外，市场机制的作用在这一时期对中国招商引资的作用从来都没有处于主导的地位。反而以劳动力数量和成本、低价土地和能源资源、亲商服务政策和环境等为代表的商务成本比较优势，配合国际资本转移的大趋势，真正成为中国招商引资的主导因素，从而将中国纳入依据比较优势融入全球化发展和嵌入全球生产网络中的发展模式。高柏(2005)将中国发展模式称为东亚新发展主义模式。在这种发展主义模式下，中国迅速成为“世界工厂”。

简而言之，改革开放初期，由于国家区域发展战略重点由内地向沿海地区转移，在东部沿海地区出现了快速城市化的现象，在京津唐、长江三角洲和珠江三角洲地区形成了城镇密集地带。农村城市化是改革开放后中国城市化的重要特点，它是导致快速城市化的主要原因，并使中国城市化具有双轨城市化和半城市化的特征，乡镇企业的发展和外商直接投资则是农村城市化的主要推动力。而到了 20 世纪 80 年代中后期，我国改革的重点逐渐转移到城市。这时城市化的组织主体虽然仍然是自上型和自下型两种，但是投资主体除了自上型的政府投资和自下型的乡村基层社区集体和个体投资外，吸引外资和吸引内资对推动各地的城市化发挥了越来越大的作用。前者可以叫做"外联型"城市化，后者可称为"内联型"城市化。（周一星、曹广忠，1999）例如，统计表明，到1997年我国基本建设投资的各项资金来源中，国家投资比重已经下降到只有5.9%，自筹和其他资金已经占到56.76%，外资占14.03%，国内贷款23.25%①。审慎而言，到20世纪90年代后，中国的城市化进程，更多地依赖于国际市场，国内市场驱动不足。因此，尽管改革开放以来的城市化进程，逐步开始了"城"与"市"之间的融合，但是，这种城与市的关系更多地体现为本地城市与国外市场之间关系的建立，而在国内城市之间的经济和贸易往来，以及产业依存度、人口流动等方面，这一关系依然比较封闭。这也成为制约我国经济持续发展和城市化深度推进的重要障碍。

三、去单位化：城市社会结构的再次改造

如前文所言，1949年新中国成立后，建立了高度集中的计划管理体制。与之相适应的是"单位制"在中国确立，"单位制"的产生奠定了中国城市社会管理的基础，形成了"单位办社会"的社会管理格局。其中，国有企业就成为城市单位组织的典型形式。在计划体制下，大大小小的国有企业不仅仅是一个个的

① 参见：《"十五"全国城镇发展布局规划》，http：// www. gov. cn/ztzl/2005-09/16/content_64388. htm。

生产单位，同时更是一个个包含了政治与社会结构要素的系统。以国有企业为典型的单位制对于相对封闭条件下的城市社会整合作出了重要贡献。然而，改革开放后，随着市场的逐步放开，国有企业或单位的一些深层次矛盾和问题集中暴露出来。（毕志强，2006：13－14）

第一，经济效益下降，亏损额逐步扩大。国有企业亏损加剧的情况大致始于20世纪80年代中期。从国有独立核算工业企业亏损情况看，“五五”计划期间年均亏损额为50亿元，“六五”期间为37亿元，“七五”期间为145亿元，“八五”期间年均亏损额上升到442亿元，“九五”头3年情况更为严重，1996年国有及国有控股工业亏损额为891亿元，1997年为934亿元，1998年为1 023亿元。从工业部门和所有制类型结构来看，国有企业的效益明显低于乡镇企业和外资企业。

表5.4 主要工业部门及所有制类型的平均利润率(1995年)①

工业部门	国有企业	乡镇企业	外资企业	按工业部门平均
轻工业(108家)	1.8%	12.4%	5.2%	6.5%
化工业(85家)	4.1%	11.4%	5.4%	7.0%
重工业(154家)	3.2%	9.9%	5.9%	6.3%
按市场份额平均	3.0%	11.3%	5.5%	6.6%

第二，不少企业生产经营困难，处于停产半停产状态。许多国有企业产品缺乏竞争力，开工严重不足，处于停产、半停产状

① 毕志强：《国有企业的双重属性与国企改革》，首都经济贸易大学硕士学位论文，2006年。

态，大量设备和生产能力闲置。据国家统计局对1997年全国重点企业的67种主要工业产品现有生产能力利用情况的统计，生产能力利用充分和比较充分（80%以上）的产品仅有22种，生产能力利用不足（60%—80%）的产品22种，生产能力利用严重不足（60%以下）的产品23种，各占1/3。一些企业产品大量积压，库存不断增加，资金周转放慢，企业应收账款额持续增加。1998年，国有及国有控股工业企业产成品积压折合金额3 427亿元，应收账款净额7 721亿元，两项合计达到11 148亿元，占流动资产的比重达到38%，这一指标远远高于发达国家水平。

第三，企业资本结构不合理，债务负担沉重。1985年逐步推行的“拨改贷”以及“七五”和“八五”时期大批生产性基建和技改项目，主要是靠银行贷款搞起来的，其最突出的问题就是企业缺乏资金，债台高筑，财务费用大增。数据显示，这一时期，国有企业资产负债率由改革初期的30%多上升到65%以上，大批企业因此陷入困境。1996—1998年的3年中，国有工业资产负债率分别为65.1%、65.4%和65.3%，扣除企业普遍存在的损失挂账虚数等因素，企业资产负债率应在75%左右。

第四，国有企业技术设备老化，改造创新能力不强。大批企业技术进步缺乏动力，资金短缺，人才匮乏，严重制约了企业的竞争力。相关研究显示，这一时期，我国关于生产技术的掌握和应用以及大中型企业技术水平普遍要落后于国际先进水平5—10年，能源消耗普遍比国际先进水平高40%以上，资源利用率低20%，成本高30%，可靠性和寿命低20%。据对国有企业为主的大中型企业1 180种主要专业技术设备技术水平的普查，1995年达到国际先进水平的仅占26.1%，国内一般水平和落后水平的分别占33.4%和12.8%。2.4万家大中型企业中,有技术开发机构的企业仅为7 732家,不足1/3;有技术开发活动的11 212家,所占比重不到一半。多年来国有企业技术改造投资占国有单位固定资产投资的比重逐步下降,企业缺乏技术改造能力。

第五,富余人员多,就业压力大,社会负担重。据有关部门统计,1998年,全国国有企业办的中小学有1.7万所,教职工63万人,在校生732万。全国工业及其他部门自办医疗卫生机构91 000多个,拥有病床62万张,工作人员112万人,其中医院约7 300个,病床60万张,工作人员79万人,国有企业用于办学校和医院等项支出约占销售收入的4%—5%,负担极其沉重。(毕志强,2006:14)单位办社会的体制,极大地增加了国有企业的社会负担。

面对城市国有企业的困境,在家庭联产承包责任制在农村铺开后,20世纪80年代中期城市也逐步开始了国有企业的改革。中央对国企改革采取了如下措施①:一是扩大企业自主权,即扩大企业生产经营计划权、产品销售权、产品定价权、物资选购权、资金使用权、资产处置权、机构设置权、人事劳动权、工资奖金使用权、联合经营权等。二是实行经济责任制,即在扩大企业自主权的基础上实行了利润包干的经济责任制。这是扩权让利的继续和发展,也是当时处理国家、企业与职工三者之间权责利关系的重要举措。三是利改税。利改税也是扩权让利改革的继续和发展。利改税将工商税按纳税对象划分为成品

---

① 参见:《国有企业改革政策报告:转型与脱困(一)》,企业改制网,http://qiyegaizhi.com.cn/2baogao/001.htm。

税、增值税、营业税，改进所得税和调节税，试图通过税收来规范国家与企业之间的关系。但由于外部体制不配套以及当时历史条件的限制，利改税未能达到理论设计的目标及预想效果。其首要原因在于利改税没能在税收体制上实现统一税负及统一激励规则，一户一率的调节税造成“鞭打快牛”和“苦乐不均”的非预期后果，未能为企业创造出公平竞争的经营环境，以至于利改税推行后国有企业利润出现连续22个月滑坡的局面。利改税的作用尚未发挥就被承包制所取代。四是拨改贷，为了克服企业吃国家资金大锅饭的弊端，国家把对国有企业的无偿拨款改为有偿贷款。这一政策终因企业机制未变，企业不怕，“债多不愁”，未取得较好的效果。五是承包制改革。1986年12月，国务院《关于深化企业改革增强企业活力的若干规定》中提出要推行多种形式的承包经营责任制。其基本特征是：包死基数、确保上缴、超收多留、欠收自补。承包制对于搞活企业、调动企业积极性发挥了重要作用。但承包制由于存在不规范、不适应市场经济、信息不对称和承包者不对企业长远负责的弊端，只是一种过渡体制。在两权分离的范围内，承包制没有涉及企业的产权关系，所以企业还不能真正成为自主经营、自负盈亏的市场主体和法人实体。

直到十四届三中全会(1993)以后，国企改革才进入以公司制为特点的突破期(郑海航，1999：6)。1992年10月，党的十四大明确提出我国经济体制改革的方向是建立社会主义市场体制，国有企业改革的目标是建立“产权清晰、权责明确、政企分开、管理科学”的现代企业制度。从此，国有企业改革进入了转化经营机制、建立现代企业制度的突破期。1993年11月，党的十四届三中全会决定指出，国有企业改革的方向应是建立现代企业制度。现代企业制度被认为是实现公有制和市场经济相结合的有效途径，公司制被认为是现代企业制度的有效组织形式，公司法人治理结构被认为是公司制的核心。

这一时期国企改革的突出特点是“减员增效，下岗分流”。20 世纪 90 年代中期，国企的外部环境发生急剧变化，国企一时难以适应变化，长期累积的深层次矛盾逐个暴露。伴随着经济增长和结构调整，失业人口不断增多，大批国有企业职工被迫下岗分流。对此，党和政府给予了密切关注和及时救助。自 1998 年 5 月党中央、国务院召开国有企业下岗职工基本生活保障和再就业工作会议以来，各地区各部门做了大量工作。从“九五”中期起，政府在缓解就业压力和保障劳动者利益上制定了一系列政策措施，确定了“鼓励兼并，规范破产，下岗分流，减员增效和实施再就业工程”的方针，建立了国有企业下岗职工基本生活保障、失业保险、城市居民最低生活保障“三条保障线”和养老、医疗保险制度。各级党委和政府大力推进再就业工程，千方百计开辟就业门路，再就业工作取得了重大进展。从 1998 年到 2001 年，全国国企下岗职工 2 550 万，其中有 1 680 多万人实现再就业，300 多万人通过多种方式得到妥善安置，为改革、发展和稳定创造了较好的经济环境和社会环境。

随着国有企业的改制，单位制赖以存在的物质基础和组织形式瓦解。下岗分流的职工也逐步由“单位人”转化为了“社会人”。随着经济体制改革的不断深化，单位以外社会领域的生长和非单位组织的大量出现，单位不再是满足个人需求的唯一渠道。“单位办社会”受到了极大的挑战，单位社区在城市社会生活中逐渐趋于边缘化，单位制失去了生存的土壤，其地位和职能日益弱化。换言之，城市的去单位制趋势日益明显。这主要表现为：第一，单位制运行的经济基础不复存在。改革以前，中国单一的公有制经济确保把所有的职工都纳入单位制之中，改革开放以后，非公有制经济的迅速发展，形成了以公有制经济为主体、多种经济成分共同发展的所有制格局，公有制产权变得明晰化，国家用行政指令计划配置所有资源的局面一去不复返。非公有制经济的发展，使得体制外出现了自由流动的资源。面对市场，无论是什么等级的单位组织，都必须遵循经济规律和市场规则，市场经济最讲究效率，而单位制度显然不是一个有效率的制度，“中国单位成员的永久性工作保障使组织领导不能运用解雇作为手段来促进组织内资源的最优配置”（李猛等，1996：144）。第二，“单位人”概念的弱化。在市场经济的推动下，国家对流通体制、劳动人事、社会保障、户籍等制度进行了一定的改革，城市社会出现了前所未有的自由活动空间。在单位之间，职员的流动已屡见不鲜。一方面，越来越多的单位认识到要在激烈的市场竞争中获胜，必须改变过去“单位办社会”的状况，强化其经济职能。另一方面，面对现实，大多数人明白单位已“靠不住”，因此，单位人对单位的依赖程度减弱，下岗、转岗、再就业成为司空见惯的事情。随着人们对单位选择自主权的加大，个人与单位之间的双向选择、个人对单位的多项选择成为现实，单位几乎不再有任何措施可以严格限制人员的流动。第三，单位功能的弱化。随着计划体制向市场体制转变，社会公共义务剧增，一些单位在向市场经济转轨和产业结构调整的过程中，显得不适应或处于不利地位，而无力承担原有的社会职能,从而将原来承担的过于沉重的社会职能还给社会,大量事务开始回归社会,同时“越来越多的上级单位在市场经济面前,由于失却了集中管理,占有和分配经济、社会资源的权力,开始让下级单位‘断奶’”(唐忠新,1999:82),下级单位不得不收缩原有的全能性功能,将专业与效率功能外的功能推向社会。市场经济打破了单位制时代社会福利大统一的格局,多元的社会福利格局正在逐步形成,因而人们对单位的依赖程度减弱,单位制作为社会控制的主要方式,其程度和职能不断降低。

总之,随着市场经济的发展,中国社会发生了剧烈的变迁,改革的冲击和单位制固有的弊端,使得计划经济体制下传统的单位制逐渐解构,“单位社会的终结实际上是中国改革开放,建立社会主义市场经济进程中不可逆转的必然趋势”(田毅鹏等,2004:146)。

随着单位制的不断解体和终结,一种新的社会整合机制不断发展,这便是社区制。20 世纪 80 年代初,民政部门提出“社会福利社会办”的口号,开始与“社会福利单位办”的模式分道扬镳。1986 年,北京市民政局制定了《北京市发展社区福利网络三年规划》。1987 年 9 月,民政部在武汉召开全国城市社区服务工作座谈会,对社区服务的内涵作了定义,提出了社区服务的发展方向。这样,社区概念逐渐被政府部门、各级领导人和全社会广泛应用。

1991 年 5 月 31 日,当时的民政部长崔乃夫在听取基层政权建设司汇报工作时指出,基层组织建设应着重抓好社区建设。7 月 5 日,他在中国社会工作者协会成立大会上致辞,再次强调要“重视社区建设”。1992 年 10 月,中国基层政权建设研究会在杭州市下城区召开了“全国城市社区建设理论研讨会”。自此以后，“社区服务”的提法进一步延伸扩展为“社区建设”。社区建设基本上就相当于国际上所流行的社区发展概念。1999年初，民政部在全国选择北京市西城区、南京市鼓楼区、杭州市下城区等8个城市的9个区为城市社区建设试验区。这是对城市基层管理进行改革的重要举措。在整个90年代，社区服务和社区建设得到社会各界的普遍关注，成为当时及之后很长一段时间内中国社会发展的重要议题。（华伟，2000：92）

四、浦东模式：大都市规划的兴起

改革初期，我国曾一直推行以分散化为特征的城市发展政策，试图人为地去“控制大城市规模”，中央政策曾一度将小城镇化作为中国城市化的重要特色。如前文所言，1978年，全国城市工作会议首次明确提出“控制大城市规模，多搞小城市”的战略方针；1980年12月，全国城市规划会议正式确定了“控制大城市规模，合理发展中等城市，积极发展小城市”的城市发展原则；1989年12月26日，第七届全国人民代表大会常务委员会第十一次会议通过《中华人民共和国城市规划法》，进一步提出“国家实行严格控制大城市规模，合理发展中等城市和小城市的方针”，第一次以法律的形式对我国城市发展规模和发展方向加以规定。邓小平同志也曾指出：“中国有百分之八十的人口在农村。中国社会是不是安定，中国经济能不能发展，首先要看农村能不能发展，农民生活是不是好起来。农村要发展，农民生活要好起来,大量农业劳动力转到新兴的城镇和新兴的中小企业,这恐怕是必由之路。”(邓小平,1993)在这一系列思想的指导下,改革早期,我国的城市化建设走的是以农村小城镇发展为起点的城镇化道路。在上述政策作用下,中小城市及小城镇发展势头迅猛,有力地拉动了全国城市化发展水平。

表 5.5　1978—2000 年我国城市增长状况①

年　份	1978	1985	1990	1998	2000
城市总数	193	324	461	668	663
200 万人口以上的城市	6	8	9	13	13
100 万—200 万人口的城市	7	13	22	24	27
50 万—100 万人口的城市	27	31	28	49	53
20 万—50 万人口的城市	—	94	—	205	218
20 万以下人口的城市	—	178	—	377	352

但是,这样的城市化还是缺乏集聚效应的、低水平的乡村工业化的产物。20 世纪 90 年代后期,乡镇企业普遍显露发展困难、升级停滞的低迷状态,对农村经济发展和产业结构调整的拉动作用明显减弱。这样的局面迫使人们反思通过兴办乡镇企业带动乡村工业化发展,进而以小城镇建设为重点推进城市化进程的做法。首先,乡镇企业布点分散的特点带来资源利用率低、环境污染严重、缺乏综合竞争力等一系列问题,不仅在相当程度上限制了自身的后续发展,而且影响着我国城市化整体水平的提高;其次,小城镇的发展往往缺乏科学规划和合理布局,对生态环境的破坏和对耕地的占用较为严重,城镇建设缺乏特色。

① 《中国城市统计年鉴》(1980,1986,1991,1999,2001)。

正是在这种鼓励发展小城镇，严格限制大城市规模的城市发展方针的约束下，20 世纪 80 年代的上海，经济增长比较缓慢，在全国的经济地位逐渐下降。改革开放之初，上海的工业总量占全国的 1/8，但至 80 年代末，上海的工业总产值不但与乡镇企业火爆的邻近省区江苏省和拥有深圳特区的广东省拉开了较大距离，而且也落后于山东省和辽宁省，降至全国第五位的水平。在贸易方面，上海由 60 年代至 70 年代初占全国贸易总额的两成减至不足一成。与此同时，上海的城市建设也严重滞后。以居住条件为例，1988 年上海市区人均居住面积仅有 6.3 平方米，而全国水平为 8.3 平方米。(韩乾，2004：27)

为促进上海的发展，1984 年上海被列入我国沿海 14 个对外开放的港口城市之一，并先后设立了三个国家级的开发区，即闵行经济技术开发区、虹桥经济技术开发区和漕河泾经济技术开发区。这些开发区的设立对 80 年代上海经济的发展起了一定的作用。但上述三个开发区的规划面积合计不足 800 公顷，规模很小。无论是从上海经济发展的潜力来看，还是从与其他经济特区相比而言，这三个开发区对上海的经济发展来说都是远远不够的。如何促进上海经济的发展，恢复上海作为国际经济中心的地位，国家把视线转向了与外滩一江之隔的浦东。

20 世纪 90 年代初，邓小平对中央几位负责同志说："我已经退下来了，但还有几件事，我要说一下，其中之一就是上海的浦东开发，你们要多关心。"①1990 年 4 月 18 日，中共中央、国务

① 《东方新报·"百年小平"之上海——邓小平的上海情结》，搜狐网，2004 年 8 月 20 日，http://news.sohu.com/20040820/n221629548.shtml。

院对外宣布上海浦东地区的开发开放战略。1992 年 10 月 12 日，江泽民总书记在党的十四大报告中向世界宣布，要“以上海浦东开发开放为龙头，进一步开放长江沿岸城市，尽快把上海建成国际金融、经济、贸易中心之一，带动长江三角洲和整个长江流域地区经济的新飞跃”。[①] 1992 年 11 月，江泽民在视察浦东新区时又指出：“党的十四大把开发浦东列为我国 90 年代建设的重点，这是我国扩大对外开放的重要标志。”这标志着我国开发开放的重点从珠江三角洲推进到了更富庶的长江三角洲，从而开启了 180 万平方公里、拥有 3 亿人口的长江流域的经济振兴。

为促进浦东新区的经济起飞，中央政府赋予浦东新区多项优惠政策。比如：一、区内生产性的三资企业，其所得税按 15% 的税率计征；经营期在十年以上的，自获利年度起，两年内免征，三年减半征收。二、在浦东开发区内，进口必要的建设用机器设备、车辆、建材，免征关税和工商统一税。区内的“三资”企业进口生产用的设备、原辅材料、运输车辆、自用办公用品及外商安家用品、交通工具，免征关税和工商统一税；凡符合国家规定的产品出口，免征出口关税和工商统一税。三、允许外商在区内投资兴建机场、港口、铁路、公路、电站等能源交通项目，从获利年度起，对其所得税实行前五年免征，后五年减半征收。四、允许外商在区内兴办第三产业，对现行规定不准或限制外商投资经营的金融和商品零售等行业，经批准，可以在浦东新区内试办。

---

① 《进一步扩大改革开放的战略选择——浦东开发》，东方新闻网，http://news.eastday.com/epublish/gb/paper195/2/class019500006/hwz587354.htm。

五、允许外商在上海，包括浦东新区增设外资银行，先批准开办财务公司，再根据开发浦东实际需要，允许若干家外资银行设立分行。同时适当降低外资银行的所得税率。六、在浦东新区保税区内，允许外商贸易机构从事转口贸易，以及为区内外商投资企业代理生产用原料、零配件进口和产品出口业务。对保税区内的主要经营管理人员，可办理多次出入境护照，提供出入境的方便。七、对区内中资企业，包括国内其他地区的投资企业，将根据浦东新区的产业政策，实行区别对待的方针，对符合产业政策，有利于浦东开发开放的企业，也可酌情给予减免所得税的政策。八、在区内实行土地使用权有偿转让的政策，使用权限 50 年至 70 年，外商可成片承包进行开发。九、为加快浦东新区建设，提供开发、投资的必要基础设施，浦东新区新增财政收入，将用于新区的进一步开发。（王同旦，1995：51 - 54）自此以后，上海以浦东开发开放为龙头，尽快把上海建成国际经济、金融、贸易中心之一，带动长江三角洲和整个长江流域地区经济的新飞跃作为城市的发展战略。其中，浦东开发的地位极其重要。

经过近 5 年的建设，浦东新区的发展取得了重大成果。到 1996 年底，浦东新区国内生产总值达到 508.12 亿元人民币，占上海市国内生产总值的 17.7%，是开放初期 1990 年的 8.4 倍。这一期间，整个浦东新区的基础设施、土地开发、金融贸易、工业项目和房地产业等方面的投资大幅增长。全区固定资产投资累计达到 1 223.9 亿元人民币，其中城市基础设施投资约 320.35 亿元人民币，仅 1996 年的城市基础设施投入就达 98.68 亿元人民币。1997 年实现外贸出口 16.87 亿美元，比去年同期增加 23.3%。此外,40 多家外资银行、金融机构在浦东设立分支机构,14 家外资银行已先期进入,9 家外资银行分行获准试点经营人民币业务。上海证券交易所、上海产权交易所等 5 家国家级、市级要素市场逐步进入,70 多家中央部委、各省市外贸公司在浦东开设了子公司。(陶建强,1998:48)

从城市化的角度来看,浦东开发模式为中国城市化开拓了一个全新的模式,即浦东形成了一种所谓的土地开发与城市公共设施协同推进模式。其中,围绕着土地开发,浦东形成了两级循环市场。所谓一级循环市场是指,新区政府—融资进行基础设施建设—提高土地级差、进行土地一级市场出让—回收初始地价及增值税还贷的模式;二级循环市场则是指,重点小区开发公司以生地空转的方式从一级市场获得土地借贷资金开发土地、变生地为熟地—土地二级市场转让、回收转让金—上缴初始地价及增值税并还贷的模式。到 1996 年底,浦东新区累计开发土地 34.25 平方公里,累计转让土地面积达 16.35 平方公里,累计完成投资额达 277.18 亿元人民币。其中,陆家嘴金融贸易区、金桥出口加工区、外高桥保税区均已初见成效,逐步从生地开发转向了生地开发与功能开发并举的新阶段。(陶建强,1998)

历史地看,浦东开发模式开启了我国大都市化建设的步伐。浦东开发的最终目标是把上海建成 21 世纪国际经济中心、金融贸易中心和航运中心。在浦东模式中所开创的土地开发与市政建设的两级循环市场模式,被迅速学习和扩展到全国各地城市发展实践中。在此过程中,我国房地产业逐渐发展成为国民经济的支柱性产业,极大地促进了我国城市规模的发展,一批大城市、特大城市由此不断地涌现出来。

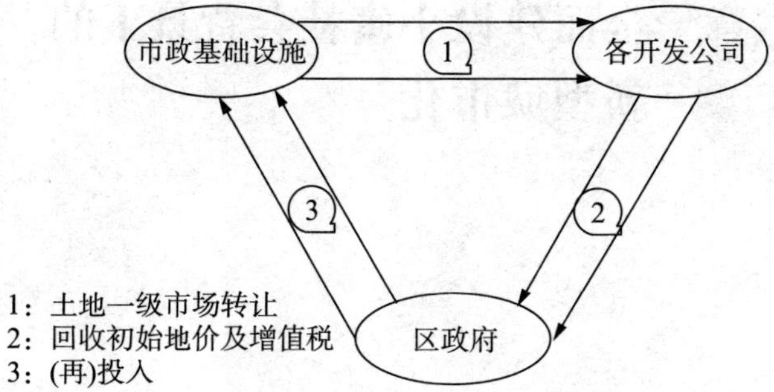

图 5.1　浦东新区土地开发与市政建设模式

资料来源：陶建强，1998。

第六章　全面建设小康社会背景下的新型城市化

改革开放 20 多年时，在发展型国家建设的大背景下，我国城市化取得了举世瞩目的成就，主要表现在如下几方面：一、城市化水平显著提高。1978 年年底，我国全国人口为 96 259 万人，其中城镇人口 17 245 万人，占总人口的 17.92%，城市化率不到 18%。经过 20 多年的城市化发展，到 20 世纪末，我国城市化率实现了较大提升。2000 年 11 月第五次全国人口普查数据显示，当年全国城镇人口达到 45 594 万人，占总人口的 36.09%。进入 21 世纪后，城市化水平又有进一步的提高。到 2003 年年底，全国城镇人口达 52 376 万，国家城市化水平已达 40.53%。全国设市城市 660 多个，城市人口达 3.8 亿人，建制镇为 20 600 个，其中县城 1 660 个，非农业人口约 1.5 亿人。二、城市建设成绩显著。1978 年年底，全国设市城市 192 个，其中人口超过 100 万的大城市仅 13 个。到了 2000 年年底，全国设市城市 663 个，城市数量 22 年增加了 471 个，平均每年增加大小城市 20 个以上。其中，100 万人口以上的大城市也相应增加到 40 个，是 1978 年时的 3 倍多。在数量增长的同时，城市的经济实力明显增强。中国660多个城市，容纳了全国36.1%的人口，贡献全国70%的国内生产总值和80%的税收。三、极大地转移了农村富余劳动力，改变了城乡人口及劳动力分布结构。国家统计局农调总队抽样调查结果显示，2003年我国有1.139亿农村劳动力外出务工，占全部农村劳动力的23.2%。农村劳动力的转移，极大地补充了城市的劳动力需求，为城市创造了大量的经济财富，外来劳动力逐渐成为城市的劳动主力军。比如，2000年第五次全国人口普查的统计数据显示，在第二产业中，进城务工人员占到了总劳动力的57.6%，其中在加工制造业中占到68%，在建筑业中占到近80%，在第三产业的批发、零售、餐饮业等行业，进城务工人员人数占52%以上。四、城市化提升了中国经济的国际化水平。在对外开放政策的引导下，城市化进程中，中国充分发挥了劳动力成本与规模的优势，积极参与国际竞争，开展国际贸易，较好地进入到了国际分工体系，融入了经济全球化的过程。从改革开放最初的广东的“三来一补”，到一些城市提出建设国际化大城市的目标，这些都深刻地表明，城市化支持了国际化，国际化推进了城市化。（杨重光，2004）

一、发展主义国家建设理念下城市化的弊端

在中国城市发展取得显著成就的同时，发展主义理念主导下的城市化进程也带来了许多问题，中国的城市化在新世纪以来开始遭遇到一系列的结构性瓶颈。

(一) 外向型市场发展模式下“城”与“市”分离的后果

如前文所述，对外开放政策，极大地推动了我国沿海、沿江城市体系的发展。但是，不容忽视的是，这种以“廉价劳动力”为比较优势的开放格局，带来的城市发展格局便是“有城无市”。过去30年，作为一个出口导向型的经济体，中国经济增长严重依赖的便是对外出口，我国大部分沿海开放城市，其主导产业都是“三来一补”的加工贸易，这样的城市经济体系严重依赖海外需求市场。因此，可以说在一定程度上，出口绑架了中国经济的增长。中国改革开放以来沿海城市的迅猛发展，如珠江三角洲城市带，俨然成为国外的工厂和车间所在地。这种城市体系的发展与市场的同步开拓是隔离和脱节的，这种城市发展模式对经济社会的可持续发展潜藏着巨大的隐患，这种隐患在2008年金融危机后就明显显现出来。

比如，从2005年开始，房地产绑架中国经济的说法就流传甚广，政府和公众似乎都认为中国经济增长严重依赖房地产，房地产的兴衰决定着中国经济的兴衰。而且这种观念直接导致了房地产调控的投鼠忌器。之所以会众口一词地认为房地产绑架中国经济，主要是因为人们犯了简单的唯数据论的错误。从消费、投资和净出口这三驾马车对中国经济增长的贡献率来看，净出口的贡献率一直看起来不高，2001—2004年之间一直都是个位数的水平，2005年达到近年最高点24%的水平，2006年和2007年一直保持在20%左右，2008年和2009年分别回落到9.2%和－44.8%左右。由此，人们会本能地认为中国经济还是依赖消费和投资的。在消费比较稳定的背景下，更多地依赖投资。随着房地产开发投资2003—2007年平均27%左右的增长水平，占城镇固定资产投资的比重超过了20%，占GDP的比重接近10%，所以有人会认为这段时间中国经济严重依赖房地产业的发展。

而实质上，从图6.1我们可以发现，2007年第二季度开始，中国出口开始下滑，经济增速也同步开始下滑，而此时房地产开发投资还在增长，房价也在逆势上涨，它们直到2008年一、二季度才转头向下。随着2008年三季度出口的大幅下滑，中国经济迅速探底，但同时政府主导的投资开始发力，扭转了经济增速下滑的态势，而房地产开发投资在2009年二季度以后才逐渐

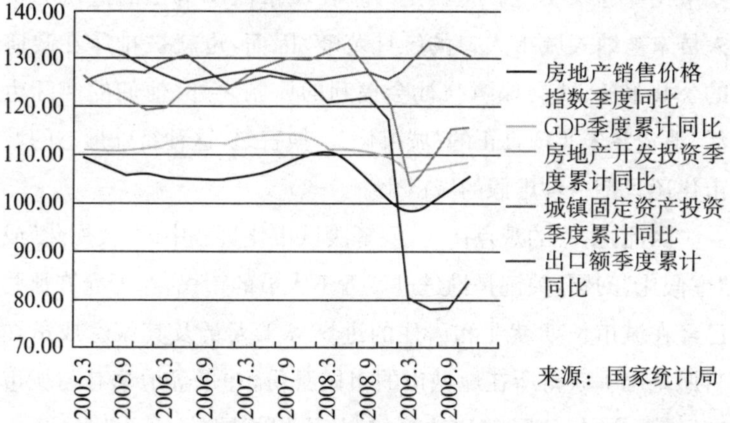

图6.1　房地产、出口额与GDP增长季度关系图[①]

① 崔宇：《中国经济被出口绑架了》，新浪财经，2010年7月11日，http://finance.sina.com.cn/review/zlhd/20100711/09408271472.shtml。

恢复。因此,静态地比较消费、投资和净出口贡献率而忽略了它们之间的相互关系,低估了出口,高估了房地产对中国经济的影响。对于中国经济来说,出口是原动力,它不仅直接影响到GDP,还间接影响到消费和投资,其中也包括房地产开发投资。

(二) GDP 至上的增长主义所带来的虚假城市化严重

在发展主义的经济战略背景下,20 世纪 90 年代以来,GDP 确实取得了较高速度的增长,也带来了城市化率的稳步提升。然而,这种 GDP 至上的发展主义,只是在形式上、规模上实现了较低水平的城市化,以人的真正融入为基本特征的较高质量的城市化却远未实现。尤其是许多在城市流动打工的进城务工人员未被纳入城市人口的统计范畴,因而,也就被排斥在政府的公共服务、社会保障与社会福利的体制之外,他们的实际生活、消费并未实现真正的"城市化"。换言之,这种特殊形态的城市化还只是一种虚假的城市化。

因此,主流的观点认为,要解决城市化进程中的"浅层化"或"虚假化"问题,关键是推进进城务工人员的市民化,即允许那些已经在城市长期就业和居住的进城务工人员及其家庭成员在自愿基础上获得所在地城市的市民身份,并平等地享有与城市市民等同的公共服务和政治权利,承担相同的市民义务,成为真正意义上的城市市民。"只有实现了身份和社会保障的真正转变,城市居民规模的扩大才能在拉动消费上发挥作用。"因为,每 1%的乡村人口转移到城镇,就能使中国居民消费总额提高 0.19—0.24 个百分点。但由于进城务工人员享受的社会保障福利与城市居民相差甚远，城市居民依然是拉动消费的主体①。

（三）土地财政带来"造城运动"与房地产泡沫化

1994年分税制改革后，由于财权被收缩，地方政府的自主支配收入开始减少，有限的财政收入难以满足地方政府日常运作和实施某些发展规划等对资金的需求，形成了"财权有限，事权无限"的现实问题。因此，在这种财权与事权不对等的格局下，某些地方政府开始寻求新的资金来源。而在这一时期的城市化进程中，地方政府拥有的最大资源——土地便顺其自然地成为地方政府的"生财之道"或重要的财政收入源泉。在这一背景下，90年代中后期以来，土地财政模式在各地迅速蔓延开来。

相比于土地财政对于地方政府的财政能力提升的意义，这一财政模式本身带来的非预期后果似乎更值得反思。

土地财政模式的恶果之一是带来了非理性的"造城运动"。21世纪以来，无论是走在沿海还是内地城镇，都可以见到热火朝天的建设工地，在轰轰烈烈的繁荣背后，隐藏的是以GDP为主要指标的政绩考察体系。在这种考察体系下，一些地方政府开始提出经营城市的概念，即通过市场化的手段，利用地方政府掌握的土地资源，催生房地产市场的发展，同时通过大规模的城市工程建设，制造城市发展的美好形象。当这一手段为各

---

① 《房地产化雷同化浅层化，代表委员把脉城市化进程三弊病》，凤凰资讯，2011年3月2日，http://news.ifeng.com/mainland/special/2011lianghui/content-0/detail_2011_03/02/4940043_0.shtml。

地所广泛运用的时候,大规模的造成运动便在新世纪的中国兴起。“造城运动”本质上源于地方政府对于政绩的急功近利式的追求。它种出了高耸的楼群、流光溢彩的广场和宽阔的城市道路。与之相对应的则是“村落的消失”。中央农村工作领导小组副组长陈锡文曾指出,和平时期大规模的村庄撤并运动“古今中外,史无前例”。据《中国农业统计资料》的相关数据显示,21世纪初的几年里,中国每天消失53个村落。在新一轮更加疯狂的“圈地运动”中,村庄消失的速度越来越快。

土地财政模式的直接恶果之二便是“房地产泡沫化”。土地出让收入或土地出让金成为地方政府的最大收入来源。土地财政现象一经形成,会强化地方政府对于繁荣的房地产市场的依赖。此外,除土地出让收入以外与土地出让、房地产交易相关的税、费收入也是地方政府的一大收入来源。由此,地方政府具有放大土地收益和房地产收益的冲动与预期。其结果直接地表现为房地产市场价格的持续高涨。在政府土地财政的背景下,2003年以来我国商品房价格持续快速上涨。中国国情与发展研究所经济学研究员清议援引国家统计局公布的一份《1987年以来的国内商品房平均价格及上涨情况概览》分析出,1987年全国商品房平均单价仅408元/平方米,到了2012年则达到5 791元/平方米。计算定基房价指数(1987年为100),2012年已经是1 419.4。总体看来,1987—2012年这25年里,国内商品房平均销售价格累计上涨了13.19倍,平均每年上涨55%。①

① 参见:《国内商品房价格25年净增13倍,平均每年上涨55%》,腾讯网,http://cd.qq.com/a/20130228/000344.htm。

而且中国房价和收入比，在过去几年持续攀升，除了少数高收入群体和炒房者，大多数刚需买房者都沦为“房奴”。

（四）征地拆迁引发各种社会问题

在土地财政模式和唯GDP的官员绩效考核制度下，地方政府为了促进经济增长，大兴旧城改造和新城建设，不断增大征地拆迁数量。据统计，从1987年至2001年，全国非农建设占用耕地3 394.6万亩，其中70%以上是征地。我国非农建设用地主要集中在城郊和人多地少的经济发达地区，一般人均耕地不足0.7亩，大体上每征用1亩地会导致1.4人失去土地。按照《全国土地利用总体规划纲要》，2000年至2030年间占用耕地将超过5 450万亩，至少又要造成8 000万农民失去土地，这就意味着我国失地农民将从21世纪初的4 000万人增加到2030年的1.2亿人，数量极其惊人。（邱志勇，2008：18）而由于征地拆迁工程浩大，涉及面广，安置赔偿问题直接关系到群众的切身利益，一旦处理不当，极易引发大量的信访矛盾。被征地拆迁群众行为容易表现激烈和较强的对抗性。近年来因为拆迁而引起的极端行为频发，群体性事件偶发，已经显现出了征地拆迁引发的社会矛盾与社会问题的复杂性。

二、经济社会危机下我国国家建设理念的转型

十六大以来，中国的国家建设历经重大转型，开始进入社

会建设与经济建设并重的新时代。党的十六届四中全会提出“构建社会主义和谐社会”，标志着国家建设理念发生重大转变，社会公正和和谐社会建设被推到国家建设的前台。构建社会主义和谐型国家，主要表现在以下几方面：优先把社会公平正义确立为国家建设的首要前提；调整经济政策与社会政策之间的关系，努力构建全面的社会政策；对传统强国家和弱社会的关系进行重塑，塑造强国家和强社会治理模式；树立以人为本和建设公共服务型政府的理念。（潘嘉，2009）

2006 年 10 月，党的十六届六中全会通过的《中共中央关于构建社会主义和谐社会若干重大问题的决定》明确指出：“社会要和谐，首先要发展，必须坚持用发展的办法解决前进中的问题，大力发展社会生产力，不断为社会和谐创造雄厚的物质基础，同时更加注重发展社会事业，推动经济社会协调发展。”改善和保障民生，是当代中国最为紧迫的问题。民生问题直接体现政府发展社会事业的能力与行为，反映着一定时期国家和政府对社会公平正义的制度安排和政策导向，最能体现出执政党和政府治国理政的理念。因此，发展社会事业，保障和改善民生成为当代中国社会建设的战略重点。可以说，社会建设的提出标志着我国国家建设理念的重大转型。

第一，强调公平正义的国家治理理念。社会公正是人类社会永恒的价值追求和基本准则，是衡量社会进步的重要尺度。温家宝指出：“公平正义比太阳还要有光辉。”社会主义制度的建立是实现社会公正的根本前提，为中国人民追求社会公正奠定了坚实的基础。然而社会主义制度的建立并不意味着社会主义公正价值的自动实现。全能时期忽视了社会公正价值实现的物质基础，简单认为社会公正等同于平均主义，并过分强调分配的均等性，其结果是绝对的公正导致绝对的贫困。改革开放以来，以经济建设为中心，效率优先，把经济、政治和社会三个领域之间的界限混淆，把经济、政治规则泛化到社会领域，又导致社会政策和公正的滞后与缺失。社会主义和谐社会的构建，标志着国家开始重视社会政策的重建。

第二，全面构建社会政策的国家治理。发展型国家首要特征是经济发展主义，几乎所有政策都是围绕着经济发展而制定，即便有较少的社会政策，也要么服从于经济建设，要么限制在特定区域和特定行业。改革开放以来，中国开始了向市场经济的快速发展。然而，经济体制改革向纵深发展之际，正是触发潜在社会问题之时。经济体制的深刻变革使原有单位丧失了社会保障的经济基础和组织基础。特别是 20 世纪 90 年代以来，国企住房制度改革、下岗职工再就业以及社会福利社会化改革，无一不涉及重大社会政策的创设。（杨团，2000）另外，经济效率的优先导致社会贫富差距、社会不稳定等社会问题凸显，也是出台社会政策与构建社会主义和谐社会的宏观背景。与注重效率优先的经济政策不同，社会政策最主要的特点是它具有社会性的目标。所谓社会性目标，是指它一般不为直接促进经济发展或增加整个社会的物质财富，而是以增进社会整合和稳定、提高生活质量和促进社会进步以及人的可持续发展为目的，尤其关注更加公平地分配各种资源而满足弱势群体的需要。（关信平，2008）

党的十六大以来，社会保障制度开始走到前台，社会救助、社会保险和社会福利三位一体的覆盖城乡的社会保障体系开始初步形成。最低生活保障制度、养老保险制度、医疗保障制度等也取得很大成就。整个国家社会保障日益呈现出一场深刻的革命,无论是社会保障观念、制度结构和责任承担方式,还是财务模式以及与其他政策系统的关系等,都发生了根本性的变化。

第三,大力发展社会组织,重构国家与社会关系的国家治理。改革开放以来,我国非政府组织经历了一个从无到有、曲折发展和成长壮大的历史过程。随着改革开放深入、市场经济日趋成熟和社会转型的全面展开,中国民间组织越来越发展成为与国家体系、市场体系相对独立同时又相互依存、相互渗透的社会领域,也称为第三部门。特别是十六大以来,国家开始把社会组织视为一种新的社会机制和社会力量予以重视,社会组织的发育和成长开始走向良性轨道。民政部发布的2006年民政事业发展统计报告指出,截至2006年年底,我国民间组织总量达到35.4万个,其中,社会团体19.2万个,比上年增长12.3%,民办非企业单位16.1万个,比上年增长8.8%,基金会1 144个,比上年增长17.3%①。

社会组织已成为党和政府联系人民群众的桥梁和纽带,在我国政治、经济、文化和社会建设中发挥着不可或缺的积极作用,成为构建社会主义和谐社会和国家治理的重要力量。特别是2008年四川汶川大地震发生后,民间组织迅速行动起来,在

---

① 参见:《民政部23日发布:2006年民政事业发展统计报告》,中央政府门户网站,2007年5月23日,http://www.gov.cn/gzdt/2007-05/23/content_623325.htm。

向全社会发出行动倡议的同时，积极以捐款捐物、组织志愿力量等多种方式投身于抗震救灾，充分显示了社会参与治理的力量。

第四，建设公共服务型政府的国家治理。在全球竞争日益激烈、不同国家和跨国行为者的多样性压力的背景下，一体化的全球经济和政治进程不断地销蚀了发展型国家的政治自主性和政策能力。这就需要超越发展型国家，扬弃发展过程中的国家主义。其重点是要转变政府行为，建设公共服务型政府。所谓服务型政府是指以"管理就是服务"为理念，以提供私人或社会不愿提供或者没有能力提供的公共产品为主要职能的政府。(郁建兴、石德金，2008)进入21世纪以来，国家明确提出构建服务型政府的重要目标。比如，党的十六届四中全会对深化行政体制改革、强化政府公共服务职能、建设服务型政府提出了新的要求。其内容包括：(一)完善政府公共服务职能，形成完整的政府公共服务职能体系。(二)努力提高政府公共服务总量与质量，使公共服务与经济增长协调发展。(三)建立适应我国国情的公共服务模式。(四)建立完善的公共服务制度。(五)以完善基础性公共服务为重点，实现人人享有基本公共服务的目标。

三、新时期国家建设背景下我国新型城市化的实践

在强调以人为本，提倡和谐社会建设以及为实现全面小康社会而努力奋斗的国家建设大背景下，我国城市发展的战略方

针和实践策略也在发生悄然变化。大体而言，新时期我国城市化主要围绕如下几大主题展开。

（一）积极培育内需市场，促进区域经济增长

改革开放以来，在发展型国家建设的战略方针下，“投资、出口和消费”被誉为“拉动经济增长的三驾马车”。但是，长期以来，我国经济主要依靠投资和出口的拉动，内需消费始终没发展起来。1997 年东南亚金融危机让党和政府意识到外向型经济的脆弱性，并开始认识到中国经济正常健康发展必须立足国内，扩大内需。1998 年，中央经济工作会议就提出“坚持扩大内需的方针”，以后每次中央经济会议和全国人民代表大会上历次政府工作报告中均会强调扩大内需。截至 2008 年，内需从量上看是有所扩大，但内需特别是居民消费在 GDP 中所占比重却不断降低。温家宝在 2009 年《政府工作报告》中提出：“坚持把扭转经济增速下滑趋势作为宏观调控最重要的目标，把扩大内需作为促进经济增长的长期战略方针和根本着力点，增加有效需求，加强薄弱环节，充分发挥内需特别是消费拉动经济增长的主导作用。”这是对扩大内需在中国经济中长期发展中的地位和作用又一次明确定位。扩大内需成为中国应对国际金融危机的根本性措施和经济中长期发展的战略选择。

改革开放初期，尽管党和政府就强调坚持自力更生的方针和经济发展主要依靠国内市场的思想，但资源禀赋水平的低下决定了不可能将经济发展的立足点放在国内，长期封闭落后于世界的教训决定中国必须实行对外开放，即将中国经济发展战

略逐步确立为依靠外需拉动的战略态势。

随着改革开放的不断深入，中国经济社会格局发生了巨大变化。短缺消失，买方市场开始形成，内需不足的局面开始出现。1997 年，从泰国开始爆发的金融危机对东南亚各国的经济和社会发展造成了巨大的冲击。这年秋季，长江流域和三江平原遭遇了百年一遇的自然灾害，中国遭受了巨大的经济损失。为应对金融危机及自然灾害对中国经济的冲击，在继续实行对外开放战略，扩大对外贸易的同时，中央政府提出了实施扩大内需的长期战略方针和基本立足点的重大决策。1998 年 2 月，中共中央、国务院发出《关于转发〈国家计划委员会关于应对东南亚金融危机，保持国民经济持续快速健康发展的意见〉的通知》，强调“立足扩大国内需求，加强基础设施建设”。这是中央文件第一次明确将“扩大国内需求”作为一项政策提了出来。(戚义明，2009：37)1998 年 12 月的中央经济工作会议上再次提出了扩大内需的战略方针。并且在这次经济工作会议上，时任国家主席江泽民提出了许多有价值的观点，包括：中国经济发展常态的确认；实施扩大内需战略在中国就是发展；中国作为大国的具体国情是中国实施扩大内需战略的理论依据；中国扩大内需的出路以及中国实施扩大内需使得中国经济发展具有极大的回旋余地的思想等。其中，更为重要的是，江泽民将扩大内需定位于战略高度，而不是策略角度。为扩大内需，国家实施了西部大开发的战略，对中国近年来实施扩大内需产生了重要影响。

为了应对亚洲金融危机，国家采取了积极的财政政策，主要是通过增发国债用于基础设施建设。1998 年 1 000 亿元国债中有近70%用于基础设施建设。此外，还进行了一系列的经济体制改革，实行了住房、教育、医疗、养老等改革，并配之以个人消费信贷的发展，在一定程度上拉动了公众的消费需求，最终使得经济走出低迷状况。然而，中国投资拉动一定程度上是以透支消费为后果的，对教育和住房的消费很大程度上降低了居民的消费能力。由于外部经济拉动的显著作用，消费难以启动，内需对中国经济的促进作用不断缩小，2008年消费率降到了50%以下，其中居民消费率只占到GDP的35.3%（张卓元，2010），同比世界各国都是最低的。

2008年，国际金融海啸再次爆发并迅速波及全世界。与1997年亚洲金融危机不同，这次危机对西方发达国家影响比较大。德国、日本、美国经济持续出现负增长，失业率不断上升，甚至在一些国家引发了政治危机。欧元区与日本经济在2008年第二季度进入负增长，美国经济在2008年第三季度进入负增长。根据国际货币基金组织（IMF）2008年11月修订的《世界经济展望》报告，2009年发达经济体的总体增长率为－0.3%，而美国、欧元区与日本经济分别为－0.7%、－0.5%与－0.2%。以美国为代表的发达经济体，其实体经济可能至少需要3—5年时间，才能恢复到危机前的增长水平。对中国来说，中国经济发展主要拉动力之一对外贸易由于这次金融危机而大受影响。2008年年底2009年年初中国东南沿海6.7万家企业的倒闭以及2007年以来全球股市的低迷充分地说明了危害的严重性。随着危机的不断加深，在全球各国在相互合作应对危机的同时，贸易保护主义重新抬头。对中国来说，由于外部经济的不确定性，其出路只有一条，即将外需和投资、消费协同拉动，实施扩大内需作为中国经济发展的重要推动力。因此，早在10年前就已经明确提出的扩大内需战略再次出台。4万亿救市，家电下乡、摩托下乡，各地方政府纷纷发放购物券，十大产业发展规划出台，救市新办法不断涌现。也就在此大背景之下，中部地区崛起有了更大的动作，振兴东北地区老工业基地战略地位也被重新认识。同时，包括关中—天水经济区等九个区域发展规划在2009年获批出台，这是中国政府在扩大内需方面新的重大战略举措。

至此，包括长三角、珠三角、北部湾、环渤海、海峡西岸、东北三省、黄河三角洲、中部和西部在内的我国新的区域经济版图逐渐成形。如果说十一大产业振兴规划已编制了一张大网，基本上将国民经济中各个行业全面覆盖，那么，区域振兴规划就是发挥各地区的区位优势，最终实现拉动全局的最有力保障。广州市社科院区域经济研究所所长杨再高认为，中国经济发展需要多级带动，一年内批准9个区域经济发展规划，体现了国家区域经济发展布局的需要，将为国家经济发展培养多个增长带。如同美国20世纪30年代面临过的区域经济失衡问题，突袭而来的国际金融危机，使“外向型”经济的沿海地区遭到了严重冲击，国家及时出台区域经济规划，就是旨在通过构建新的经济布局，壮大推动中国经济发展的能量①。

历史数据表明，国家在一定时间内针对区域的振兴计划，能够有效拉动该区域经济的高速增长，并拉动相关产业和企业

① 参见：福建论坛，2010年1月21日，http://bbs.66163.com/thread-1373731-1-1.html。

的增长。以东北振兴计划为例，2004—2007年期间，东北地区GDP年平均增速为13.08%，高于全国平均水平，比实施振兴计划前4年增速提高了3.42个百分点。以西部开发为例，从1995年到2009年前三季度，西部地区的固定资产投资规模在全国的占比已从16.2%提高到24.1%，中部从16.5%提高到22.2%，东北从8.9%提高到11.7%，东部沿海则从58.3%降至42%①。

（二）城镇化、新农村建设与主体功能区规划

2005年，十六届五中全会通过的《中共中央关于制定国民经济和社会发展第十一个五年规划的建议》中，明确地把建设社会主义新农村确定为我国现代化进程中的重大历史任务。这是从我国现代化的战略高度和“三农”问题实际出发，实现统筹城乡发展和以工促农、以城带乡的具体化方案。2008年10月十七届三中全会又通过了《中共中央关于推进农村改革发展若干重大问题的决定》，对农村改革发展基本目标任务做出了更加细化的界定。从我国的国情和农村发展情况来看，建设社会主义新农村，并不是要否定我国的城镇化道路。而推进城镇化，即便我国的城镇化程度达到60%，仍然会有五六亿人滞留农村，所以推进城镇化的同时也必须大力发展新农村。建设新农村和推进城镇化是相互关联、密不可分的，它们都与解决“三

---

① 参见：《全面布局2010年中国经济（图）》，网易新闻，2009年12月21日，http://news.163.com/09/1221/04/5R1IGLCP000120GR.html。

农”问题有关。因此，积极探索建设新农村与推进城镇化的互动发展，实现现代化的双轮驱动，成为新世纪以来经济社会发展的重要探索和实践。

2011 年国家“十二五”规划提出，“优化城市化布局和形态，加强城镇化管理，不断提升城镇化的质量和水平”，突出城市化发展的内涵和质量，强调小城镇建设对缩减城乡差距的作用。这体现了党中央对过去“规模论”思想主导下的粗放型城市化发展道路的反思，同时也预示着我国城市化发展将进入新的发展阶段，开始注重城市规划的合理性、城市发展的科学性和城市建设的质量。2012 年 4 月初，时任副总理的李克强在《求是》杂志上撰文强调，“调整经济结构最重要的是扩大内需”，“扩内需的最大潜力在城镇化”（李克强，2012a）。7 月 13—14 日，李克强在湖北考察时又强调，城镇化是内需最大的潜力所在，是经济结构调整的重要依托。中部地区发展的回旋余地很大，对全国经济的带动作用日益凸显。长江中游地区承东启西，集中了上亿人口，工业有基础，又是我国农业主产区。加快这一地区崛起，推进工业化、城镇化和农业现代化“三化并举”，前景十分广阔。他指出，要研究制定全国城镇化发展规划，注重体制机制创新，打破行政区域限制，使各类生产要素自由流动、优化配置。（李克强，2012b）上述思想和观点，蕴含了在经济结构转型背景下党对新型城市化道路的探索，其核心便是建立在区域经济整合基础上注重质量内涵的新型城市化道路。

在经济全球化日益深入发展的今天，城市是生产活动和经济活动的中心。以城市为核心的区域之间的产业结构、市场联系状况和经济利益关系，日益成为影响国民经济运行效率和可持续发展的重要因素。随着我国城市体系的不断扩大，以往地方政府主导的粗放型城市化过程中地区间、部门间的分割现象严重。“行政区经济”、“诸侯经济”一直是困扰宏观经济管理，阻碍区域经济，乃至全国经济发展的重要问题。区域经济整合是通过政府管理体制的创新，打破行政区划的人为界限，消除地方保护主义的影响，实现区域经济系统中的各实体要素以及与运行环境间的重新组合优化，使系统内的各种资源的输入、输出更加畅通和有序的流动，经济结构更趋合理，最终达到区域经济一体化的理想状态。（高新才，2006）区域经济整合主要包括市场整合、产业整合和制度整合三个维度，其中产业整合是主要内容，制度整合是工具手段，市场整合是主要目标。

为了根据不同区域的资源环境承载能力、现有开发密度和发展潜力，统筹谋划未来人口分布、经济布局、国土利用和城镇化格局，初步形成人口、经济、资源环境相协调的空间开发格局，自 2000 年以来，国家一直在构思和酝酿“全国主体功能区”规划。2007 年，国家建设部公布了《国务院关于编制全国主体功能区规划的意见》（国发〔2007〕21 号，下简称《意见》）。《意见》着重强调，实施全国主体功能区规划，实现主体功能区定位，关键要调整完善财政、投资、产业、土地、人口管理和环境保护等相关政策。《意见》认为编制全国主体功能区规划，有利于打破行政区划和地区分割，制定实施有针对性的绩效考评体系。《意见》同时指出，全国主体功能区规划是战略性、基础性、约束性的规划，也是国民经济和社会发展总体规划、区域规划、城市规划等的基本依据。经过 10 年的研究和论证，2011 年 6 月初，《全国主体功能区规划》正式发布。《全国主体功能区规划》的出台和发布，是党和政府汲取以往城市化发展道路的经验和教训，从国家战略发展的高度，对全国各区域经济和城市发展进行统筹规划和调控的开始。“两横三纵”城市化战略格局的规划体现了区域经济整合理念对今后城市化发展的理论指导，在中央统筹规划下以各种制度创新为核心的内涵型城镇化战略已经拉开了序幕。

（三）城乡一体化：工业支持农业，城市反哺农村

城乡一体化是我国现代化和城市化发展的一个新阶段。城乡一体化就是要把工业与农业、城市与乡村、城镇居民与农村居民作为一个整体，统筹谋划、综合研究，通过体制改革和政策调整，促进城乡在规划建设、产业发展、市场信息、政策措施、生态环境保护、社会事业发展的一体化，改变长期以来形成的城乡二元经济结构，实现城乡在政策上的平等、产业发展上的互补、国民待遇上的一致，让农民享受到与城镇居民同样的文明和实惠，使整个城乡经济社会全面、协调、可持续发展。

飞速发展的城市化进程，让城市不断向农村延展，人口、产业和要素资源不断向城市集聚。城市化进程强烈影响着农村社会的发展变迁。目前，我国城乡差距不断拉大，社会发展不均衡，城乡关系趋向对立，农业基础薄弱，农村发展滞后，农民增收缓慢。这一系列的问题不仅阻碍了农民生活水平的提高，降低了农民生产的积极性，更严重影响着我国经济发展和社会建设。广大农民迫切希望加快统筹城乡发展的步伐，调整国民收入格局，加大对农业农村的扶持，不断提高收入水平，扩大农村

基本公共服务，改善乡村落后面貌，共同分享改革发展成果。因此，在推进工业化、城市化的进程中，必须更加重视工农、城乡的协调发展，通过推进农村社区建设，加快农村发展步伐，缩小城乡差距，形成工业与农业相互促进、城市与农村共同繁荣的新局面。

2003 年 10 月，党的十六届三中全会上作出的《中共中央关于完善社会主义市场经济体制若干问题的决定》中，明确提出了“农村社区服务”、“农村社区保障”、“农村社会自我管理、自我服务”的要求。2006 年 7 月，民政部在全国民政工作年中情况分析会上，首次提出了“认真开展农村社区建设试点”的工作任务。2006 年 10 月，党的十六届六中全会首次完整明确地提出“农村社区建设”的概念，会议提出“全面开展城市社区建设，积极推进农村社区建设，健全新型社区管理和服务体制，把社区建设成为管理有序、服务完善、文明祥和的社会生活共同体”的要求，为农村社区建设指明了方向。2007 年 3 月 19 日，全国农村社区建设工作座谈会在山东省青岛胶南市召开。会议明确提出建立一个农村社区平台，集中社会资源，提高社区功能，在基层逐渐创立一个适合于市场经济管理和服务体系的新型社区。此次大会拉开了全国范围内开展农村社区建设的序幕。2008 年 11 月 14 日，国家发展改革委员会宣布增加 340 亿元直接投资农村社区建设，用于建设农村民生工程和基础设施建设。2010 年 10 月，党的十七届五中全会提出，“推进农业现代化，加快社会主义新农村建设”，“在工业化、城镇化深入发展中同步推进农业现代化，是‘十二五’时期的一项重大任务，必须坚持把解决好农业、农村、农民问题作为全党工作的重中之重，统筹城乡发展，坚持工业反哺农业、城市支持农村和‘多予少取放活’方针，加大强农惠农力度，夯实农业农村发展基础，提高农业现代化水平和农民生活水平，建设农民幸福生活的美好家园”，进一步明确了加快社会主义新农村建设、加快形成城乡经济社会发展一体化格局的基本方向和战略任务。

在十八大报告中，解决好“三农”问题被列为全党工作的重中之重。报告指出，推动城乡发展一体化是解决“三农”问题的根本途径。报告要求，要加大统筹城乡发展力度，增强农村发展活力，逐步缩小城乡差距，促进城乡共同繁荣。加快完善城乡发展一体化体制机制，着力在城乡规划、基础设施、公共服务等方面推进一体化，促进城乡要素平等交换和公共资源均衡配置，形成以工促农、以城带乡、工农互惠、城乡一体的新型工农、城乡关系。

在当前城乡一体化建设中，国家正在酝酿的措施主要涉及两方面，一是城乡户籍改革，二是农村土地流转问题。

首先，关于户籍制度改革。1958 年 1 月，《中华人民共和国户口登记条例》颁布。《条例》以法律形式规范了全国的户口登记制度，这是新中国城乡统一户籍制度正式成立的标志。《条例》明确规定了迁移审批制度和凭证落户制度，对户口迁移作了约束性规定。原则上，农民向城市、小城市向大城市的人口迁移都受到严格限制。随着经济体制的转轨，我国城镇化进程加快，人才流动日益加快，规模越来越大，对城乡分隔的户口迁徙政策和一户一簿的户口管理方式提出了严重的挑战。为了适应新的发展要求，国家户籍制度开始有所松动，并提出了一些相应的改革举措。

2001 年 3 月 30 日，国务院批转的公安部《关于推进小城镇户籍管理制度改革的意见》中明确规定，全国所有的镇和县级市市区，取消“农转非”指标，不再实行计划指标管理。凡在当地有合法固定的住所、稳定的职业或生活来源的外来人口，均可办理城镇常住户口。这标志着我国户籍管理制度改革迈出了实质性的一步。（王海光，2003）2010年，在《关于2010年深化经济体制改革重点工作的意见》中，国务院将户籍制度改革列入2010年九大重点改革任务，进一步明确指出，协调推进城乡改革。深化土地管理、户籍制度改革，建立城乡统一的建设用地市场和人力资源市场。

户籍制度改革的根本，就在于剥离附加在户口背后的各种利益，把隐藏在户口之后的劳动、人事、工资、物价、教育、卫生、社会福利等诸多制度与户口脱钩。2008年，中央政策研究室社会局有关负责人在参加“社会建设与管理体制改革”论坛时指出，户籍改革将逐步取消农村户口，按居住地登记户籍。此后，上海、重庆、广东、浙江、山东等地展开了新一轮户籍改革，改革的共同点都是逐步放宽城市准入门槛，建立城乡统一的户籍登记管理制度，用居住证取代暂住证，实现人口的轨迹化管理①。

例如，浙江省嘉兴市从2008年10月开始实施城乡一体化户籍管理制度改革，取消农业、非农业户口性质划分，实行城乡统一的户口登记制度和迁移制度。只要具有合法固定住所、稳定职业或生活来源的申请人，准予其户口在本地落户。嘉兴户籍制度改革的实质是调整城乡识别标志，使有关行政制度的执

---

① 《城镇化带来推动契机，户籍改革远水多久能灭近火》，人民网，2013年5月8日，http://finance.people.com.cn/n/2013/0508/c1004-21403252.html。

行与户口相分离，倒逼就业、社保、教育等与户口相关制度的配套改革①。

其次，关于土地制度改革。我国城市土地制度经历了新中国成立初期的有偿使用制度，计划经济时代的无偿划拨制度以及改革开放后逐渐建立的法制化有偿使用制度的变化过程。1994年7月5日八届全国人大常务委员会第八次会议审议通过的《中华人民共和国城市房地产管理法》，标志着我国法制化城市土地使用制度正式形成。通过多年的探索，我国城市土地使用制度逐渐被引入两条轨道：一条是对现有的城市土地或通过行政划拨从农村征用过来的城市建设用地收取土地使用税；另一条是通过土地使用权的有偿转让，一次性地收取地租。与改革前城市土地无偿使用的制度相比，城市法制化土地使用制度有一定的进步，但该制度仍存在不足：一是因土地使用税不能反映不同地区土地价格，致使地租流失；二是城市经济用地和非经济用地不能很好地相互协调；三是城市化过程中，大量农地转化为城市用地，耕地锐减，城市用地弹性系数（城市用地增长率与城市人口增长率之比）过高，缺乏科学的保护制度，同时，在农地转化为市场的过程中并没有充分考虑农民的利益，导致农民在失去土地后没有新的就业途径，从而成为过剩的劳动力；四是城乡土地收益不公平，例如在农地变为城市土地后，农民一般只能获得城市土地出让价的5%—10%②。

---

① 《一个城市户籍：捆绑了多少利益》，中华网，2010年1月27日，http://news.china.com.cn/rollnews/2010-01/27/content_329738.htm。

② 《刍议农村土地交易的权利配置及利益分配》，搜狐焦点新闻，2007年8月9日，http://tj.focus.cn/newshtml/348734.html。

针对这些弊端，国家意识到，必须对城市存量土地和城市增量土地的制度进行改革和重新安排。为了配置城市存量土地，首先需要建立市地质量评价体系。在此基础上，完善法制化城市土地有偿使用制度。根据土地区位的通达性和市场的集聚效益及互补性、城市设施的配套程度、用地建设的自然条件、环境质量，考虑地区差异、时间差异、地价出让方式差异等确定土地的价格，主要根据市场的方式来配置土地。土地制度改革还包括土地征用制度的改革。理论上来看，当一个城市的规模和空间都增加时，就需要征用集体的土地。土地征用具有三个重要条件：政府特有的权力，只用于公共目的，行使这个权力时必须给予合理补偿。客观而言，目前关于我国征用土地的合理补偿问题争议很大，中国只有土地补偿费，且数量极有限。按照国际惯例，土地权利人应得到两部分补偿：土地征用费和土地赔偿金。土地征用费相当于征用土地的价值，它是土地所有权的经济实现；土地赔偿金是对土地权利人因征用而导致的经济及其他损失的补偿。因此，科学完善的土地制度改革，首先就必须强化城市土地征用的公共目的，并严格限制非公共目的的土地征用；其次，必须给农民合理补偿，以平衡城乡利益分配，从更多的方面考虑农民的安置问题，为他们提供更多机会，以使这些人能够生活有所依靠。构建科学的城市土地征用制度旨在降低城市用地增长弹性系数，使农地非农化与人口城市化同步。因此，党的十七届三中全会就明确提出要建立规范的农村土地管理制度，并明确强调土地流转是一项很重要的内容。总体上，由于土地制度改革涉及多方面的复杂利益与关系，国家对于如何构建科学合理的土地制度仍处于积极摸索和讨论阶段。

（四）大力发展社会组织，促进社区服务多元化供给

从20世纪90年代开始，伴随着中国经济结构的转型和社会的发展，传统的单位体制开始趋于消解，“社区建设”成为社会各界的聚焦点。“还经济于市场，还社会于社区”成为转型期我国经济和社会发展的现实路径和客观选择。在此过程中，大量的社会事务从“单位”中剥离出来，由“社区”加以承接。从表面上看，这似乎是一个简单的“剥离”和“承接”的过程，但是，如果我们结合“典型的单位制”的实际情况，问题要比想象的复杂得多。在国企改制型社区，由于改制前单位占有几乎全部的社会资源，导致单位“一统江山”，职工只能在单位的庇护下求得生存和发展，职工的利益获取方式、利益表达机制也深深烙上了“单位”时代的烙印。在社区转型的过程中，职工要走出“单位”走向“社区”，由“单位人”转变为“社会人”，职工的生存方式和利益联系发生了巨大的变化，居民不仅和单位、政府发生关系，而且还和社区的其他利益群体发生关系。在此过程中，居民、各个利益群体间的矛盾复杂化，如果不及时处理则可能引起不必要的社会冲突。中国社区建设的重要目的就是通过社区利益关系的协调和社区居民的共同参与，最终达到社区的和谐发展和整个社会的稳定。

作为社区建设的重要载体，社会组织在新世纪以来获得了较大的发展，其规模扩大呈直线上升趋势。据民政部门的统计，截至2008年年底，全国共有社会组织41.4万个，其中社会团体23万个，民办非企业单位18.2万个，基金会1 597个。这些社

会组织业务范围涉及科技、教育、文化、卫生、劳动、民政、体育、环境保护、法律服务、社会中介服务、工伤服务、农村专业经济等社会生活的各个领域。① 另据清华大学 NGO 研究所的一项调查估计，在实际开展活动的各类社会组织中，包括按照现行法规无法登记注册的草根组织、境外在华组织、社区社会组织、农村社会组织及各种网络型、松散型的社会组织等，大约有 300 万家。(王名，2009)

表 6.1　2001—2008 年我国社会组织的变化②

指　标	2001	2002	2003	2004	2005	2006	2007	2008
社会团体(万个)	12.9	13.3	14.2	15.3	17.1	19.2	21.2	23.0
民非企业(万个)	8.2	11.1	12.4	13.5	14.8	16.1	17.4	18.2
基金会(个)			954	892	975	1 144	1 340	1 597

社会组织作为有别于政府、企业的"第三部门"，联系众多群众、企业和组织，跨越不同部门、不同所有制形式，汇聚各类优秀人才，拥有资源、技术、信息、项目等多方面的优势，在扶贫济困、社会福利、科技教育、文化体育、卫生保健、环境保护、流动人口服务与管理、法律援助、司法矫正、行业管理、妇女及老年人服务、未成年人保护、就业培训、家政服务、社区建设、科学普及、公共安全等社会建设领域中有着不可替代的重要作用。

① 《2008 年民政事业发展统计公报》，民政部网，2009 年 5 月 22 日，http://cws.mca.gov.cn/article/tjbg/200906/20090600031762.shtml。

② 《2008 年民政事业发展统计公报》，民政部网，2009 年 5 月 22 日，http://cws.mca.gov.cn/article/tjbg/200906/20090600031762.shtml。

近年来，社区社会组织参与社区建设主要体现在协助政府提供部分公共服务和开展各式各样的社区自身服务方面（李慧凤，2011：107），以及对社区管理的部分参与。社区社会组织参与社区治理是社区社会组织参与社区建设的重要途径之一。具体而言，主要包括社区社会组织参与社区保障、社区卫生、社区文化、社区就业、社区环境、社区治安、社区调节、社区维权、社区教育、社区培训等事务性工作，以及协助居委会或者社区工作站完成一些社区事务管理工作。这种参与途径主要通过政府主导培育或者通过承接政府委托项目的方式来实现。

政府主导培育社区社会组织的方式一般是政府根据社区规划的需要，在特定阶段出于完成某个特定任务、推进某项工作或者开展某项大型社会活动的目的。以政府投入为主在社区成立和培育的社会组织，其参与社区建设的目标、任务、途径与方式都由政府纳入到社区建设的规划中，开展的活动也大都是配合政府的要求或者是执行政府的任务。因此，政府主导色彩很浓，政府甚至也可能直接干预具体社会组织的筛选、培育和管理过程。

社会组织参与社区治理的另一种实现方式是承接政府的委托项目，主要包括医疗保健、生态环境保护、教育、科学、文化、卫生、体育等社会事业方面的项目。政府将事权中的项目管理、标准制定、专业奖励、资格认定、职业培训等授权给研究会、协会、学会等社会组织承接。社区社会组织承接政府委托项目的方式为社区社会组织参与社区事务治理提供了新的切入点和载体，开启了社区事务治理由行政化和统一化向社会化和专业化方向发展的趋势，促进了政府职能转变和社区自治发展，体现了公益化和专业化的有机结合。

社区社会组织参与社区公共服务的供给是社区社会组织参与社区建设的重要途径。社区社会组织参与公共服务提供可以大大拓宽社区服务领域。社区社会组织参与社区公共服务提供的好处在于它们具有比政府更好的灵活性和创新性。社区社会组织作为根植于社区、服务于居民的社会组织，其触角可以延伸到社区每一类人群，覆盖到每一个社区成员，它们更贴近于服务的人群，可以及时发现需求信号，所以它们提供的服务要比政府来得更为直接有效。社区社会组织参与社区服务供给的途径一般是根据需求信号导向或者是政府向社会组织购买服务等方式来实现。需求信号导向的方式一般是通过发现居民的内生需求而成立具有不同功能的社区社会组织，使它们可以满足居民各式各样的多元需求，为居民提供服务。最常见的形式就是具有不同兴趣爱好的居民通过自我组织、自我管理和自我服务成立各种社区文娱社会组织，开展文化、教育、科普、体育、娱乐等活动，从而形成相互关爱、相互信任、相互帮助的和谐人际关系。

政府通过向社会组织购买服务鼓励社区社会组织参与公共服务供给是近年来较为流行的一种方式。这种方式得到了大多数社区的认可和效仿，并在社区实践中不断得到改进和完善。政府向社区社会组织购买服务可以充分挖掘和调动社区资源，建立多渠道的社区服务投入机制，从而有利于推进社区服务社会化改革。目前，大多数社区都有一些社区社会组织，如业主委员会、青少年协会、环境保护协会、志愿者协会、老年人协会、书法协会、围棋协会、舞蹈协会、健身协会、社区学校、社区卫生服务中心、社区就业服务中心等，这些社区社会组织所提供的服务内容涉及了社区服务的各个层面，涵盖了居民生活的方方面面，有效弥补了政府公共服务供给的不足。

党的十七大报告提出，要“发挥社会组织在扩大群众参与、反映群众诉求方面的积极作用，增强社会自治功能”。2011 年以来，国家不断出台新的社会组织管理政策，降低社会组织注册门槛，推进政府购买社会服务、资金补助等制度，鼓励社会力量提供社会服务。2012 年，国务院批转了国家发展与改革委员会《关于 2012 年深化经济体制改革重点工作的意见》。意见提出，研究制定扶持社会组织发展的政策措施，建立健全政府向社会组织购买服务制度。党的十八大报告强调，要加强和创新社会管理，改进政府提供公共服务方式。新一届国务院对进一步转变政府职能、改善公共服务作出重大部署，明确要求在公共服务领域更多利用社会力量，加大政府购买服务力度。2013 年，国务院办公厅出台了《关于政府向社会力量购买服务的指导意见》（国办发〔2013〕96 号），就如何推进落实政府购买社会服务做出了具体的制度安排。据报道，2010 年以来，北京市已连续 3 年累计投入 2 亿元，购买社会组织服务项目 1 029 个；2013 年北京市重点围绕社会基本公共服务、社会公益服务、社区便民服务、社会管理服务、社会建设决策研究信息咨询服务 5 个方面，安排 8 000 万元市社会建设专项资金，向社会组织购买 500 个公共服务项目，旨在鼓励和支持更多的社会组织通过项目申报参与社会服务①。

值得重点关注的是，党的十八届三中全会历史性地提出要创新社会治理体制，改进社会治理方式，而且重点把激发社会组织活力作为创新社会治理的重要内容。“正确处理政府和社会关系，加快实施政社分开，推进社会组织明确权责、依法自治、发挥作用。适合由社会组织提供的公共服务和解决的事项，交由社会组织承担。支持和发展志愿服务组织。限期实现行业协会商会与行政机关真正脱钩，重点培育和优先发展行业协会商会类、科技类、公益慈善类、城乡社区服务类社会组织，成立时直接依法申请登记。加强对社会组织和在华境外非政府组织的管理，引导它们依法开展活动。”可以预见，在今后的城市社会治理过程中，社会组织将能够发挥更多的积极作用。

---

① 《2013年政府购买社会组织服务增200项》，搜狐新闻网，2013年2月7日，http://roll.sohu.com/20130207/n365780141.shtml。

结　论

纵观上述国家建设背景下的中美两国城市化进程，我们可以较清楚地看到，两国历史上城市化战略的变化，都是为了回应国家建设中的某一个核心问题，城市化的战略及实践是国家建设的重要工具。

在美国城市化的历史进程中，美国政府首先采取的发展战略是建立和扩大国内统一市场，用市场的力量来推进城市化进程。而全国整体城市化的实现，又改变了国家建设赖以存在的社会结构基础。既有的国家体系和制度框架不再适应城市化后的国际国内形势。因此，保护社会以遏制市场过度扩张的负面后果就成为 20 世纪 30 年代美国国家建设的战略选择，在此背景下，美国城市化变更了轨道。在福利国家建设背景下，一系列保卫社会的经济社会政策的制定和实施，使得美国郊区化急速发展。郊区的蔓延所带来的一系列城市社会问题，使得美国政府扩大了对地方的财政支持和社会保障体系建设。然而，这种国家支援造成了巨大的财政压力，到了 20 世纪 70 年代，随着石油危机的爆发，美国经济陷入滞胀期，国家无力担纲其庞大的社会保障支出。之后，随着尼克松新联邦主义改革措施的出台，联邦中央政府开始全面收缩自己对地方城市发展政策的支持。20 世纪 80 年代，新的全球化浪潮下，全球产业的大分工使得陷入危机的经济社会遇上复苏的春风，新自由主义适逢其时。里根总统上台后，对福利国家开始了大刀阔斧的改革（保罗·皮尔逊，2007），美国开始了后福利国家的建设。大都市和社区经济的发展开始引领美国 20 年跨世纪的经济增长和社会发展。美国政府通过市场和社会力量的整合，实现了国家经济的发展和社会的稳定。

相对于美国 200 多年的城市社会发展历史，中国的城市化进程显得十分短暂，但又是惊人的快速。1949 年新中国成立时，中国城市化水平只有 10%左右。直到改革开放前，中国的城市化水平也只有 17%左右。而改革开放后 30 年，中国城市化水平已经突破 50%。用 30 年的时间，中国走完了美国 120 多年的城市化历史，其中实现的人口大流动史无前例。在这短短的 60 年间，中国的城市化发展战略和政策，也有着根本的转换和变更。而这种转换和变更的背后，体现的是不同时期国家建设的需要。

在中国城市化的历史进程中，中国共产党首先采取的发展战略是改造和重建城市社会结构。通过发动对农业、手工业和资本主义工商业的三大改造，基本上巩固了新生政权在各城市的统治。“一五”计划实施后，在以重工业为核心的工业化战略下，通过统筹城乡物资调配和户籍管理等一系列社会政策的实施，在城市，人们被安排进一套单位化的制度体系里。因此，在一定意义上，在国家建设与城市发展的初期，中国的实践与美国的做法截然相反。美国当时的建国者极力保护美国东北部的工商业以及资本主义市场经济模式，遵从先经济发展后社会变革模式，而中国走的是先社会改造，后经济发展的模式，城市化进程十分缓慢。1978年改革开放以后，以经济建设为中心的发展主义国家建设取代了以阶级斗争为纲的全能国家建设。在此背景下，乡镇企业的发展，推动了我国小城镇建设；出口加工工业的发展，促进了我国沿海开放城市的崛起。而以浦东模式为标志，我国也开启了国际大都市的建设进程。

然而，改革开放以来的城市化是在“规模论”思想争议下展开的，中央对于城市发展的具体政策，也经历了一个城市规模认知上的变化。从1978年的“控制大城市规模，多搞小城镇”到1980年的“控制大城市规模，合理发展中等城市，积极发展小城市”，到20世纪90年代的“严格控制大城市规模，合理发展中等城市和小城市”，再到2002年十六大报告所确立的“大中小城市和小城镇协调发展的”的城市化方针，我国的城市规模政策和发展方针所经历的几次调整，客观上反映了改革以来政府对城市化工作的干预以调控规模为抓手(吴家浩等，2011)，而忽视了对城市化内涵和质量的监控，一些与城市发展相悖的计划经济时代留下来的制度设计没能及时加以调整改善，如户籍制度，人口与就业政策，社会保障制度以及行政区划等。这种重规模调控轻内涵发展的粗放型城市化道路导致我国有“城”无“市”的现象特别严重，在很大程度上抑制了国内统一市场的形成，进而抑制了我国的内需动力和经济的可持续发展。2008年全球经济危机以后，中国靠投资和出口拉动经济发展的模式乏力，国家开始意识到发展国内统一市场和扩大内需的重要作用。城镇化战略被提上重要议事日程。2011年国家“十二五”规划提出“优化城市化布局和形态，加强城镇化管理，不断提升城镇化的质量和水平”，突出城市化发展的内涵和质量，强调小城镇建设对缩减城乡差距的作用。这体现了党中央对过去“规模论”思想主导下的粗放型城市化发展道路的反思，同时也预示着我国城市化发展将进入新发展阶段，开始注重城市规划的合理性、城市发展的科学性和城市建设的质量。

综上，我们可以发现，在国家建设的背景下，中国城市化战略遵从这样一条基本的历史逻辑或路径：首先，先改造城市社会结构，为新生国家建设奠定社会结构基础；在城市单位制的社会结构基础上，全能型国家发展到极致。其次，随着改革开放后市场经济的发展，单位制逐步解体，全能型国家赖以存在的社会结构性基础瓦解，国家建设走向发展主义，城市化的发展则日渐进入快速膨胀与结构高度分化的阶段。最后，在发展主义的国家建设背景下，贫富差距、城乡差距和地区差距日益扩大，社会两极分化，这又反过来影响到国家建设全面小康社会的目标，因此，城市化战略又开始成为弥合城乡差距，建设国内统一市场和扩大内需的重要路径。至此，中国城市化试图走出一条与美国城市化殊途同归的历史道路。

参考文献

阿塔克·帕塞尔:《新美国经济史:从殖民地时期到1940年》,罗涛等译,中国社会科学出版社,2000年。

白涛:《试论南北战争后美国经济高速发展的主导因素》,《四川师范大学学报》(社会科学版)1997年第7期。

薄一波:《若干重大决策与事件的回顾》,中央党校出版社,1991年。

保罗·皮尔逊:《拆散福利国家——里根、撒切尔和紧缩政治学》,舒绍福译,吉林出版社,2007年。

彼得·埃文斯等:《找回国家》,方力维等译,三联书店,2009年。

毕志强:《国有企业的双重属性和国企改革》,首都经济贸易大学硕士学位论文,2006年。

布赖恩·贝利:《比较城市化——20世纪的不同道路》,商务印书馆,2008年。

蔡孝箴:《社会主义城市经济学》,南开大学出版社,1993年。

常缨征:《市场主导型城市化模式的选择》,西安科技大学硕士学位论文,2006年。

陈宝森:《美国经济与政府政策——从罗斯福到里根》,世界知识出版社,1988 年。

陈启懋:《罗斯福"新政"是现代资本主义的开端》,《美国研究》2006 年第 2 期。

仇保兴:《我国城镇化中后期的若干挑战与机遇》,《城市规划》2010 年第 1 期。

戴维·奥斯本、特德·盖布勒:《改革政府:企业家精神如何改革着公营部门》,周敦仁等译,上海译文出版社,1996 年。

邓清:《城市社会学研究的理论与方法》,《城市发展研究》1997 年第 5 期。

邓小平:《邓小平文选》(第三卷),人民出版社,1993 年。

丁力:《美国西进运动的制度变迁研究》,复旦大学博士学位论文,2007 年。

丁艳:《19 世纪末美国市政腐败及其根源探究》,东北师范大学硕士学位论文,2005 年。

董卫:《城市制度、城市更新与单位社会——市场经济以及当代中国城市制度的变迁》,《建筑学报》1996 年第 12 期。

杜赞奇:《文化、权力与国家:1900—1942 年的华北农村》,王福明译,江苏人民出版社,1996 年。

费孝通:《社区自理开篇》,《社会》2000 年第 10 期。

弗里德里希·李斯特:《政治经济学的国民体系》,陈万煦译,商务印书馆,1961 年。

高柏:《全球化与中国经济发展模式的结构性风险》,《社会学研究》2005 年第 4 期。

高民政、郭圣莉:《1958—1966 居民委员会功能的变异与恢复——以上海市为例的历史考察与分析》,《上海社会科学院学术季刊》2002 年第 3 期。
高新才:《区域经济整合:一个有价值的研究领域》,《甘肃理论学刊》2006 年第 5 期。
格林沃德:《现代经济词典》,《现代经济词典》翻译组译,商务印书馆,1981 年。
辜胜阻:《非农化与城镇化研究》,浙江人民出版社,1991 年。
顾龙生:《中国共产党经济思想史(1921—1997)》,山西经济出版社,1999 年。
顾忠华:《韦伯〈新教伦理与资本主义精神〉导读》,台湾书店,1997 年。
关信平:《社会政策目标中的"以人为本"》,《中国社会导刊》2008 年第 6 期。
郭秀丽:《我国城市化动力机制研究》,中国地质大学硕士学位论文,2010 年。
国云丹:《从威权控制到体制吸纳:国家与上海邻里空间(1949—2008)》,复旦大学博士学位论文,2009 年。
韩乾:《浦东新区城市空间结构研究》,华东师范大学硕士学位论文,2004 年。
何念如:《中国当代城市化理论研究(1979—2005)》,复旦大学博士学位论文,2006 年。
胡国成:《塑造美国现代经济制度之路》,中国经济出版社,1995 年。
胡训珉:《上海帮会简史》,上海人民出版社,1991 年。
华盛顿:《华盛顿选集》,商务印书馆,1983 年。
华伟:《单位制向社区制的回归:中国城市基层管理体制 50 年

变迁》,《战略与管理》2000年第1期。

黄安年:《二十世纪美国史》,河北人民出版社,1989年。

黄安年:《美国的崛起》,中国社会科学出版社,1992年。

黄安年:《美国政府的住房福利保障政策:从罗斯福新政到约翰逊"伟大社会"时期》,《山东师大学报》1998年第4期。

黄亦君:《中共对贵阳的接管与政权建设(1949—1952)》,上海大学博士学位论文,2011年。

贾根良:《美国学派:推进美国经济崛起的国民经济学说》,《中国社会科学》2011年第4期。

简·雅各布斯:《城市与国家财富——经济生活的基本准则》,金洁译,中信出版社,2008年。

拉铁摩尔等:《历史上的边疆问题》,《现代外国哲学社会科学文摘》1965年第1期。

莱斯特·萨拉蒙:《非营利部门的崛起》,李惠斌、薛晓源主编:《全球化与公民社会》,广西师范大学出版社,2003年。

雷·艾伦·比林顿:《向西部扩张——美国边疆史(下册)》,周小松译,商务印书馆,1991年。

李彬:《约翰逊政府的反贫困政策研究》,安徽大学硕士学位论文,2012年。

李道揆:《美国政府和美国政治》,商务印书馆,1999年。

李桂秋:《尼克松政府新联邦主义探析》,东北师范大学硕士学位论文,2007年。

李慧凤:《社区治理与社会管理体制创新》,浙江大学博士学位论文,2011年。

李克强:《在改革开放进程中深入实施扩大内需战略》,《求是》

2012(a)年第4期。

李克强:《要研究制定全国城镇化发展规划》,《东方早报》,2012(b)年7月15日。

李路路、李汉林:《中国的单位组织:资源、权力与交换》,浙江人民出版社,2000年。

李猛等:《单位:制度化组织的内部机制》,《中国社会科学季刊》1996年第16期。

李友梅:《关于社会体制基本问题的若干思考》,《探索与争鸣》2008年8期。

理查德·尼克松:《尼克松回忆录(上册)》,伍任译,商务印书馆,1978年。

梁茂信:《当代美国大都市区中心城市的困境》,《历史研究》2001年第6期。

梁茂信:《都市化时代:20世纪美国人口流动与城市社会问题》,东北师范大学出版社,2002年。

梁茂信:《美国联邦政府城市政策的形成》,《东北师大学报》2002年第6期。

林毅夫等:《中国的奇迹:发展战略与经济改革》,上海人民出版社,1999年。

刘敏:《浅析1970年以来美国中心城市的发展》,《安徽史学》2006年第4期。

刘绪贻、杨生茂:《美国通史》(第五卷),人民出版社,2005年。

刘绪贻:《战后美国社会阶级斗争新探——马克思主义的阶级斗争原理需要发展》,《社会科学》1986年第8期。

刘祚昌:《论美国第一次革命的成就》,《美国史论文集,1981—

1983》,三联书店,1983年。
陆大道:《中国工业布局的理论与实践》,北京科学出版社,1990年。
陆镜生:《关于罗斯福"新政"时期劳工立法的探讨》,《上海社会科学院学术季刊》1988年第4期。
罗思东:《美国大都市地区的政府与治理——地方政府间关系与区域主义改革》,厦门大学博士学位论文,2005年。
罗思东:《美国地方政府体制的"碎片化"评析》,《经济社会体制比较》2005年第4期。
马翠军:《1949—1960中国国家政权建设的政治社会学分析》,河南大学硕士学位论文,2002年。
马克思:《资本论》(第3卷),人民出版社,2004年。
马克斯·韦伯:《民族国家与经济政策》,景天魁主编:《社会学原著导读》,高等教育出版社,2007年。
迈克尔·哈林顿:《另一个美国:美国的贫困》,卜君译,世界知识出版社,1963年。
麦克法夸尔、费正清:《剑桥中华人民共和国史:中国革命内部的革命(1966—1982年)》,谢量生译,中国社会科学出版社,1998年。
毛泽东:《毛泽东选集》(第四卷),人民出版社,1991年。
莫里斯·迈斯纳:《毛泽东的中国及后毛泽东的中国(上)》,杜蒲、李玉玲译,四川人民出版社,1989年。
潘汉年:《在上海市各界人民代表会议上的讲话》,《上海解放一年》,解放日报出版社,1950年。
潘嘉:《中国共产党社会建设思想研究》,中共中央党校博士学位论文，2009年。
彭鑫：《谁拯救了美国：大萧条中的罗斯福》，中国华侨出版社，2011年。
戚义明：《改革开放以来扩大内需战略方针的形成和发展》，新华网，2009年7月14日，http://news.xinhuanet.com/theory/2009-07/14/content_11706896.htm。
钱纳里：《发展的形式：1950—1970》，经济科学出版社，1988。
邱志勇：《群体性涉访事件处置教程》，群众出版社，2008年。
阮清华：《上海游民改造研究（1949—1958）》，复旦大学博士学位论文，2008年。
邵晨钟：《中国新型城镇化六大命题》，金融时报中国网，2013年1月11日，http://www.ftchinese.com/story/001048419。
唐忠新：《社区建设：中国城市社会转型的必然选择》，《北京社会科学》1999年第1期。
陶建强：《土地开发模式与浦东新区的形成和发展》，《城市发展研究》1998年第1期。
田毅鹏等：《"单位社会"的终结：东北老工业基地典型单位制背景下的社区建设》，社会科学文献出版社，2004年。
汪仕凯：《政治运动与国家建设——城市社会主义改造研究（1949—1956）》，复旦大学硕士学位论文，2008年。
王安庆：《伟大社会改革：美国20世纪60年代反贫困运动及其影响》，新华出版社，2008年。
王丹、王士君：《美国"新城市主义"与"精明增长"发展观解读》，《国际城市规划》2007年第2期。
王海光：《当代中国户籍制度形成与沿革的宏观分析》，《中共党史研究》2003年第3期。

王娟：《从乡村社会到城市社会——1890—1920年美国城市转型研究》，华中师范大学硕士学位论文，2001年。

王军：《城记》，生活·读书·新知三联书店，2003年。

王名：《走向公民社会——我国社会组织发展的历史趋势》，《吉林大学社会科学学报》2009年第3期。

王同旦：《上海浦东新区的规划和建设》，《城市发展研究》1995年第1期。

王小鲁、夏小琳：《城市化在经济增长中的作用》，王小鲁、樊纲主编：《中国经济增长的可持续性》，经济科学出版社，2000年。

王晓东：《西部地区的小城镇建设发展及对策》，《经济师》2002年第5期。

王旭：《美国城市史》，中国社会科学出版社，2000年。

王章辉等：《欧美农村劳动力的转移与城市化》，社会科学文献出版社，1999年。

魏立华等：《1949—1987年(重)工业优先发展战略下的中国城市社会空间研究》，《城市发展研究》2006年第2期。

文森特·奥斯特罗姆等：《美国地方政府治理》，井敏、陈幽泓译，北京大学出版社，2004年。

吴家浩等：《我国城市规模政策研究》，《中国集体经济》2011年第3期。

夏建中：《新城市社会学的主要理论》，《社会学研究》1998年第4期。

萧功秦：《中国的大转型——从发展政治学看中国变革》，新星出版社，2008 年。

杨开忠：《论城市化与区域经济增长的相互作用机制——城市化驱动的区域经济累积性增长》，《中国城市化战略高级国际研讨会资料汇编》，2000 年 5 月。

杨开忠：《中国城市化驱动经济增长的机制与概念模型》，《城市问题》2001 年第 3 期。

杨善华、苏红：《从代理型政权经营者到谋利型政权经营者》，《社会学研究》2002 年第 1 期。

杨团：《社会政策的理论与思索》，《社会学研究》2000 年第 4 期。

杨重光：《改革开放以来我国城市化的回顾与问题》，《地区现代化理论与实践：第二期中国现代化研究论坛论文集》，2004 年。

叶涯剑、张光海：《作为现代化手段的中国城市治理（1949—2009）——以城市社会微观控制体系为例》，《贵州社会科学》2010 年第 8 期。

余志森：《美国史纲——从殖民地到超级大国》，华东师范大学出版社，1992 年。

郁建兴、石德金：《超越发展型国家与中国的国家转型》，《学术月刊》2008 年第 4 期。

约翰·纳尔逊：《自由与财产：1789 年至 1812 年新国家的政治经济与政策制定》，巴尔的摩，1987 年。

张静：《基层政权》，浙江人民出版社，2000 年。

张楠：《1948—1953 年郑州市社会改造研究》，郑州大学硕士学位论文，2012 年。

张少华：《汉密尔顿“工商立国”与杰斐逊“农业立国”之争》，《历史研究》1994 年第 6 期。

张庭伟：《1950—2050 年美国城市变化的因素分析及借鉴》，《城市规划》2010 年第 8 期。

张友伦：《美国的独立和初步繁荣 1775—1860》，人民出版社，1992 年。

张卓元：《以改革促进经济转型和发展方式转变》，《人民日报》，2010 年 1 月 25 日。

赵红、王峰：《19 世纪末 20 世纪初美国自然资源保护运动的历史思考》，《榆林学院学报》2006 年第 5 期。

郑海航：《中国企业理论五十年》，经济科学出版社，1999 年。

周飞舟：《从汲取型政权到“悬浮型”政权——税费改革对国家与农民关系之影响》，《社会学研究》2006 年第 3 期。

周劲：《“三化”与“三业”：试议新兴产业对城市布局结构的影响》，《城市规划》2004 年第 4 期。

周晓虹：《芝加哥社会学派的贡献与局限》，《社会科学研究》2004 年第 6 期。

周一星、曹广忠：《改革开放 20 年来的中国城市化过程》，《城市规划》1999 年第 12 期。

朱传一等：《美国的强制退休问题》，《美国研究》1987 年第 3 期。

Allan D. Wallis, *The Third Wave: Current Trends in Regional Governance*, National Civic Review. 1994, Vol. (83). 3: 290 - 310.

Anthony Downs, *Opening Up the Suburbs: An Urban Strategy for America*, New Haven: Yale University Press, 1973.

Arthur Lewis, "Economic Development with Unlimited Supplies of Labor", *The Manchester School*, 1954, Vol. 22, No. 1: 139 - 191.

Bruce Katz and Scott Bernstein, "The New Metropolitan Agenda", *Brookings Review*, Fall 1998.

Carl Abbott, *Urban America in the Modern Age: 1920 to the Present*, Harlan Davidson, 1987.

Charles M. Harr, *Between the Ideal and the Reality: A Study in the Origin, Fate and legacy of the Model Cities Program*, Boston: Little, Brown and Company, 1975.

Charles Tilly, *Coercion, Capital, and European State: AD*990 - 1992, Wiley, 1992.

Charless W. Calhom, *The Gilded Age*, Scholarly Resources Inc. 1996.

Claude S. Fischer, "Urbanism as a way of life: A Review and An Agenda", *Sociological Methods and Research*, 1972(1): 187 - 242.

Clyde Mitchell-Weaver, David Miller and Ronald Deal Jr., "Multilevel, Governance and Metropolitan Regionalism in the USA", *Urban Studies*, Vol. 37, No. 5 - 6, 2000.

David Rusk, *Cities Without Suburbs*, Woodrow Wilson Center Press, 1993.

Delos F. Wilcox, *The American City, A Problem in Democracy*, New York: The MacMillan Company, 1904.

Dennis R. Judd, *The Politics of American Cities: Private*

Power and Public Policy, Boston: Little Brown and Company, 1979.

E. Lampard, "Historical Aspects of Urbanization", in the G. Porter ed., *Encyclopedia of American Economic History*, New York: Charles Scribner's Sons, 1980.

Edward Robb Ellis, "The Great San Francisco General Strike", in the Stephen B. Oates ed., *Portrait of America* Vol. Ⅱ, From Reconstruction to the Present, Boston: Houghton Mifflin Company, 1976.

Emile Durkheim, *The Division of Labor in Society*. The Free Press, 1997.

Erwin L. Levine and Elmer E. Cornwell, *An Introduction to American Government*, New York: Macmillan Publishing Co., Inc., 1983.

F. Wu, "Transitional cities", *Environment and Planning A*, 2003, 35(8): 1331 - 1338.

Ferdinand Tonnies, *Gemeinschaft Und Gesellschaft*, Kessinger Publishing, 2010.

Frederic. C. Howe, *The City: the Hope of Democracy*, New York: Charles Scribner's Sons, 1905.

Frederick F. Siegel, *Troubled Journey: From Pearl Harbor to Ronald Reagan*, New York: McGraw-Hill, Inc. 1984.

Gerald E. Frug, *City Making: Building Communities Without Building Walls*, NJ. : Princeton University Press, 1999.

Henry Maine, *Ancient Law*, Kessinger Publishing, 2004.

Hirschhorn Joel. S. and Paul. Souza, *New Community Design to the Rescue: Fulfilling Another American Dream*, National Governors Association, Washington, D. C. , 2001.

HUD, *The Clinton Administration's National Urban Policy Report*, 1995.

Irwin Unger, *The Best of Intentions: the Triumphs and Failures of the Great Society under Kennedy, Johnson, and Nixon*, New York: Doubleday Inc. , 1996.

J. Patrick, *History of the American Nation*, New York: Macmillan Publishing Company, 1987.

Jean Oi, "Fiscal Reform and the Economic Foundation of Local State Corporatism in China", *World Politics*, Vol. 45, No. 1(Oct. , 1992), pp. 99 - 126.

Jean Oi, *The Evolution of Local State Corporatism*, in Andrew Walder(eds.), *Zouping in Transition: The Process of Reform in Rural North China*, Cambridge Mass, Harvard University Press, 1998.

Jean Oi, "The Role of the Local State in China's Transitional Economy", *China Quarterly*, Volume 144, December 1995, pp. 1132 - 1149.

John A. Andrew, *Lyndon Johnson and Great Society*, Chicago: Ivan R. Dec. , 1998.

John Kenneth Galbraith, *The Affluent Society*, Boston: Houghton Mifnin, 1958.

John R. Nelson, *Liberty and Property: Political Economy and Policymaking in the New Nation 1789—1812*, Johns Hopkins University Press, 1987.

Louis Wirth, "Urbanism As A Way of Life", *The American Journal of Sociology*, Vol. 44, No. 1(Jul., 1938), pp. 1-24.

Max Webber, *Order in Diversity*: *Community Without Propinquity*, *in Cities and Space*, L. Wingo (ed.), Baltimore: The Johns Hopkins University Press, 1963.

Michael B. Teitz, "American Planning in the 1990s: The Dilemma of the Cities", *Urban Studies*, Vol. 34, No. 5-6, 1997.

Richard B. Morris, *Alexander Hamilton and the Founding of the Nation*, New York: The Dial Press, 1957.

Richard Cloward and Lloyd Ohlin, *Delinquency and Opportunity: A Theory of Delinquent Gangs*, New York: The Free Press, 1960.

Robert Levine, *The Poor Ye Need Not Have With You: Lesson From the War on Poverty*, Cambridge, Mass: The MIT Press, 1970.

Sarez Ray, *The Old Neighborhood: What We Lost in the Great Suburban Migration, 1966-1999*, New York: A Division of Simon & Schuster Inc., 1999.

Sean Fox, "Urbanization as a Global Historical Process: Theory and Evidence from sub-Saharan Africa", *Population and Development Review*, Volume 38, Issue 2, June 2012.

Thomas Cochran and William Miller, *The Age of Enterprise: A Social History of Industrial America*, New York: Harper and Row, 1961.

Thomas R. Dye, *Politics in States and Communities*, Prentice-Hall, 1969.

Wayne Franklin, *The Selected Writings of Thomas Jefferson*, W. W. Norton & Company, Dec, 2009.

William Graham Sumner, *Folkways: A Study of the Sociological Importance of Usages, Manners, Customs, Mores, and Morals*, BiblioBazaar, 2011.

William Manchester, "The Cruelest Year", in the Stephen B. Oates ed., *Portrait of America*, Vol. 2, From Reconstruction to the Present, Boston: Houghton Mifflin Company, 1976.

William Schneider, "The Suburban Century Begins", *The Atlantic Monthly*, Jul. 1992.

Yusheng Peng, "Chinese Villages and Townships as Industrial Corporations: Ownership, Governance, and Market Discipline", *American Journal of Sociology*, 2001(5).

图书在版编目(CIP)数据

国家建设背景下的城市化战略：中美两国的经验／梁波，杨艳文 著．—桂林：广西师范大学出版社，2014.10
（都市社会发展与社会政策）
ISBN 978－7－5495－5831－5

Ⅰ．①国… Ⅱ．①梁… ②杨… Ⅲ．①城市化－发展战略－对比研究－中国、美国 Ⅳ．①F299.21 ②F299.712.1

中国版本图书馆 CIP 数据核字(2014)第 188921 号

出 品 人：刘广汉
责任编辑：刘冬雪
装帧设计：孙豫苏
设计执行：徐 妙

广西师范大学出版社出版发行
（广西桂林市中华路 22 号　　邮政编码:541001
网址:http://www.bbtpress.com）
出版人:何林夏
全国新华书店经销
销售热线：021－31260822－882/883
北京东君印刷有限公司印刷
（北京市大兴区黄村镇三间房工业区　邮政编码：102600）
开本：890mm×1 240mm　1/32
印张：7.5　　字数：160 千字
2014 年 10 月第 1 版　　2014 年 10 月第 1 次印刷
定价：42.00 元